# 那覇の市場で古本屋

## ひょっこり始めた〈ウララ〉の日々

宇田智子

ボーダーインク

# 那覇の市場で古本屋

ひょっこり始めた〈ウララ〉の日々

# 古本屋、始めました

二〇一一年十一月、沖縄は那覇で古本屋を始めた。

豚の顔皮《ちらがー》で有名な第一牧志公設市場の向かい側で、隣は漬物屋さんと洋服屋さん、前は鰹節屋さん。通りには土産物屋も餅屋も傘屋もある。アーケードの下、みんな道にせり出して、顔をつきあわせて店番をしている。

畳三畳のスペースに本を並べる。メインは沖縄に関する本で、ほかに人文・文芸・芸術・実用書など、試行錯誤しながら少しずつ揃えている。

店のお客さまは、地元の方と観光の方が半分ずつくらい。牧志公設市場は観光客向けになってしまったと言われており、確かに地元の若い人は少ないけれど、まだまだ毎日の買い物をしに来る人はいる。野菜を抱えた人が外の棚に目をとめて文庫を買われたり、「ずいぶん古い本を売ってるね、沖縄の本ならいいの？　うちにたくさんあるから今度持ってくるよ」と言ってくださったり。

ぶらぶら歩いている観光客も、ふと立ちどまってウチナーグチ（沖縄の言葉）の本や紅型の写真集を手にとっていく。沖縄の特産物はマンゴーやちんすこうだけでなく、沖縄県産本というものもあるのだと知ってもらえたらいい。

ジュンク堂書店那覇店が開店するときに東京から異動してきた私が、その二年後にひとりで古本屋を始めるとは、自分でも思いもしなかった。いまだに冗談のような気がしながら、毎日シャッターを開けて、市場中央通りに一日じゅう座っている。

「市場の古本屋ウララ」、那覇の台所であり観光地としても有名な牧志公設市場の向かいにあります。お近くにお越しの際はお立ち寄りください。ご不要な本がありましたら、お譲りください。どうぞよろしくお願い申し上げます。

「市場の古本屋ウララ」店主　宇田智子

# 目次

## I　沖縄で沖縄の本を売る

## II　開店前夜

目次 

カバーデザイン協力　アイデアにんべん
カバー写真提供　　　垂見健吾

# I 沖縄で沖縄の本を売る

# 人文とジンブン

「あの人はジンブナーだから」

請福の水割りを飲みながら親方は言った。

「わかる？　ジンブナーは、賢い人。ディキヤーは勉強ができるだけなんだけど、ジンブナーはジンブンがあるの。ジンブン、知恵ね」

「ジンブン、〈人文〉ですか！」

「そうそう」

春の夜、西表島の大富の路上に座りこんで、キビ刈り農家の人たちと泡盛を飲んでいた。途中で一台だけ車が来て、こんな時間に誰だとよけもせずに笑っていたら、降りてきた人も一緒に飲みはじめた。ここで「人文」という単語を耳にするとは思いもしなかった。

キビの収穫が終わった四月末、友だちの働く西表島に遊びに来ていた。自分の古本屋を始めて半年たち、初めて連休をとった。島を途中まで縦断する大富林道を親方の車で走る。けもの道や鳥の鳴き声を教えられても見えないし聞こえない。マングローブに囲まれた仲間川を下る遊覧船では、友だちの倒した缶ビールにかばんを濡らされた。

那覇に帰ってから読みはじめた本にも出てきた。

> 兄さんはジンブンあっても海は弱かったさあ。漁に出るたび逃げだして、親方につかまって縄で縛られたさ。（酒井敦『沖縄の海人』晶文社）

別の本にはこんな一節がある。

> 飲み込みが悪かったり、要領が悪かったりすると明治の人はジンブン　クサラーと評した。ジンブンが腐っているというわけである。（儀間進『続うちなぁぐちフィーリング』沖縄タイムス社）

強烈だ。

「人文」なんて一種の業界用語だと思っていたのに、沖縄の人はふだんから使っていたのだ。もう少し早く知っていたら、「人文担当」であることをもっともっと誇りに思えたのに。

神奈川に育ち、東京の大学を卒業してジュンク堂書店に入社した。配属されたのは池袋本店の人文書の売場だった。

どんなジャンルなのか、たいていの人にはぴんと来ないだろう。哲学・歴史・宗教・教育・心理に、店によっては社会学や文芸評論なども含む。大学の教養で少しずつかじって、手に負えないと突き放したのに、またつきあうはめになった。

職場では、哲学の論文を書いている人や歴史マニアなど、実際に本を読んでいる人がたくさん働いていた。私もどうにかして読まねばとがんばってはみたものの、本当に読みたくて読んでいる人にかなうはずもない。それでも仕事をしなければいけない。帯や目次や著者略歴を見ながら本を並べ、問合せがあれば辞書や概説書を調べた。

うっすらと知っていたり、見たこともなかったり、読めもしなかったりする固有名詞。え、知らないの？　と言いたげなお客さま、出版社の人、他の店員。働くうちに見覚えのある単語は増えていったものの、内容まで理解できたものがどれだけあるか。

中がわからないぶん、見ための珍しさに惹かれた。

特に、小さな出版社の本にはいつも驚かされた。ごく狭い地域の話題を扱っていたり、マニアックなテーマの本ばかり何冊も出していたり。

内容だけではなく、造本も独特だった。レジで読みとれないバーコードや殴り書きされたスリップ、「二月三十一日発行」という奥付もあった。うまくつくれなくても出したいという意気込みを感じた。

本を判断する材料は文字情報だけではない。とにかく手にとりページをめくってみる。出版社、価格、発行日、装丁、あらゆる情報を手がかりにして、どんな本か、どこに置くか考える。何千冊もの本に触り、必要に応じて一冊を手渡す。これも本と関わるひとつのかたちである。研究の世界から早々に退散したことにコンプレックスも感じていたけれど、書店員として関わっていけばいいのだと思えるようになった。

哲学や歴史の棚は大型書店ならどこにでもあって、並べかたもそう変わらない。せめてその隙間に変わった本を差していこうと、地方・小出版流通センター（地方小）の倉庫や直営店の書肆アクセスを見にいった。スタッフの人たちはＩＳＢＮもなく流通に手間のかかる本を黙々と扱っていた。

地方小は神楽坂にある取次で、地方出版社や少部数の本を一手に扱う。他の書店とは違う品揃えをしたいとき、一番たよりになる。

この地方小の主導で「沖縄県産本フェア」を開催するようになった。「沖縄県産本」とは、その名のとおり沖縄の出版社がつくった本のことである。県外の出版社が出した沖縄関連本と区別するために生まれた呼びかただそうで、地元の出版社の誇りを感じる。

ライトエッセイから料理、武道、音楽、歴史、字誌、写真集にマンガに雑誌まで、あらゆるジャンルの本が何十箱も入ってきて仰天した。ふだん県外に出していないものまで手配してくれた。初めて見る本たちに興奮しながら、値段が書かれていない本にラベルを貼った。

次の年もその次の年もフェアは開催され、毎回違う本が入ってきた。

書肆アクセスは二〇〇七年に閉店することになった。これを惜しみ、沖縄の出版社ボーダーインクと北海道の出版社の海豹舎が一日限りのフェアをするため上京した。打ち上げの飲み会にまぎれこみ、ボーダーインクの新城和博さんと海豹舎の舘浦あざらしさんのやりとりに圧倒された。豆腐の食べかた、風邪の治しかた、どんな話題でも自分の地元にひきつけて話す。地元で地元の本をつくっている人というのはすごいな、と感心した。

このころからジュンク堂は東北への出店が続いた。本を発注しては現地に棚入れに行く。人文担当としては特に郷土史の棚をつくるのが楽しい。その地域に関する本を集めるなかで、軸になるのは地元の出版社の本である。一県に一社はしっかりした版元があり、郷土の出版を支えている。地元紙に広告を打てばすぐ反響があるという。

東京には何千と出版社があるのに、東京の「郷土本」を出しつづけている出版社はほぼないと言っていい。近所の地名の由来が知りたい、豊島区の歴史を調べたいといった問合せにはほとんど対応できず、もどかしかった。地元の本を地元で売るのに憧れた。

札幌に出店すると聞いて行ってみたいと思ったものの、人文担当はすでに決まっていた。次は那覇店という噂に、勝手に決心した。

一度も行ったことがない、でも料理や音楽には親しんできた沖縄で、沖縄の本を売ろう。

＊この原稿は「ＢＯＯＫ５」（トマソン社）に連載した「古本屋開店記」第一回をもとにしています。掲載後、大きなまちがいに気がつきました。どうぞ第三章の「ジンブン」もお読みください。

# 沖縄本の棚

二〇〇九年の年明けすぐ、上司に事務所に呼びだされた。

「四月に那覇店が開店するから、人文書の選書をお願いね」

ついに来た。噂は本当だったんだ。

「はい。あの」

「なに？」

「選書だけじゃなくて、異動したいんです」

「え⁉」

なにがあっても決して動揺せず、笑顔で切り抜けていく上司である。このときはどんな顔をしていたのだろう。まともに見られなかった。

「いつか横浜に店ができたら異動したいって言ってたじゃない？　どうして沖縄？」

すぐに店長が呼ばれた。三人で別室に入り、緊迫した空気になる。

「宇田さん、沖縄にいい人でもいるの？」

「いません」

いい人どころか友だちもいません。

店長は納得しないまま社長に電話をしてくれて、その場で異動が決まった。自分で言いだしておきながらも呆然としていると、店長がつぶやいた。

「まあ二年やな」

二年？　最初から腰を折られた気もするけれど、まあそんな先のことはいい。まずは選書だ。自分の働く店の棚をつくるんだ。


どうやって新規開店の選書をするかは書店によって違う。取次にすべてまかせる店もあれば、既存の店の売上リストの上位から機械的に発注する店もあるそうだ。ジュンク堂書店は、担当者が注文書や目録に一点ずつ数を入れていくという原始的な方法をとっていた（今は変わったかもしれない）。

那覇店は当時のジュンク堂のなかで売場面積が四番目に大きかった。こうなると、もはや何も選ばずに注文書の上から下まで数を入れることになる。

問題は沖縄本の棚である。

図面を見ると、二階のエレベーター前の棚が全部「郷土本」となっている。その数、五十列。こんなに大きな郷土本の棚をつくったことはない。札幌店でさえ十列もなかった。歴史や文化に限らず、全ジャンルを置くしかない。

沖縄の出版社が出している「沖縄県産本」は、取引の方法も含めて現地で直接相談したほうがよさそうだ。それ以外の、県外の出版社が出している沖縄関連本は、東京にいるあいだに手配しないと間に合わない。

ふだんからつきあいのある出版社の皆さんに頼んで、自社の沖縄関連本リストをつくってもらった。

「うちは沖縄の本はないなあ」

と言っていた人も、内容まで細かく見て少しでもかすめているものを挙げてくれた。

あとはひたすら「沖縄」「琉球」「三線」「紅型」といったキーワードで検索したり、当たりをつけてあちこちの出版社から目録を取り寄せてみたりした。

大阪の海風社は奄美を柱とする「南島叢書」を出していて、沖縄関連の本もあった。第一書房、三弥井書店、砂子屋書房、笠間書院といった国文系の出版社は、沖縄の民俗や歌謡の専門書をたくさん出していることがわかった。このあたりは沖縄の新刊書店でもほとんど置いていないはずだ。

　これは沖縄に関する本だと何度も確かめたうえで、『宮良當壮全集』全二十二巻や『南島祭祀歌謡の研究』一万五千七百五十円など、見たこともない本に「1」と注文数を入れていった。快感だった。


　いざ沖縄にやって来ると、まず地元の取次を訪ねた。出版社が多いだけに、取次もいくつかある。かりゆしシャツを着たおじさまがたにご挨拶して、お話しして、落ち着いたところに、

「取引のある沖縄の出版社のリストをもらえませんか」

と切りだす。いたってまっとうな要求をしたつもりだった。取次が自社の取引先を把握しているのは当然だろうと。が、

「そういうものはつくってないですね」

「昔のがあるけど役に立たないよ」

などと、どの取次でも耳を疑うような答えが返ってきた。

「そんなわけはないでしょう」と食いさがり、無理に出してもらっても、確かに会社名や個人名や書名までが混じりあっていて、いまどこが出版活動をしているのかまったくわからない。取次ごとに掲載出版社は違い、「沖縄には何社くらい出版社があるんでしょうか」と尋ねても

みな首をかしげる。

那覇空港の「宮脇書店」、国際通りでは久茂地の「リウボウブックセンターリブロ」、松尾の「沖縄教販」、ほかに新都心の「球陽堂書房」、豊見城の「戸田書店」など新刊書店も回った。どの書店に行っても他の店にはなかった本や出版社が見つかる。どうやって仕入れているのかわからない。霧に包まれた山に、どこから切りこんでいけばいいのか。

まずは、地元の出版社が二十社ほど集まって活動している「沖縄県産本ネットワーク」に声をかけた。ここに参加している出版社から取引を始めて、あとは情報が入るたびに一社ずつ連絡し、交渉していった。最初からすべてを網羅することなどできない。開店すれば出版社のほうからも来てくれるだろうし、少しずつ増やしていこう。


東京で注文した本は船に乗り海を越え、那覇港から店までトラックで運ばれてくる。毎日スタッフ全員で何百箱も開けては冊数を確かめ、ジャンル別に仕分けする。

県内の出版社の本は、営業の人が直接納品に来てくれる。台車を何台も使い、社員総出で来てくださったところもあった。

この大量の本を、五十列の棚に振り分ける。他の新刊書店は出版社別に棚をつくっているところが多かったけれど（精算や在庫調査のとき便利だから）、全部まぜてジャンル別の構成にしたかった。「県産本とそれ以外の本は分けたほうがいい」という意見は、「お客さまには出版社がどこであろうと関係ないはず」と突っぱねた。実際どちらがいいのか、いまだにわからないけれども。

歴史、民俗、思想、社会、宗教、文学、言語、芸術、芸能、自然、健康、料理、スポーツ、写真集、絵本、漫画、雑誌。新刊書店の全ジャンルがあると言っていい。ぱっと見て内容のわからない本も、とにかくどこかに入れこむ。

最初は棚がスカスカでどうやっても五十列は埋まらないと思ったのに、心配した同僚が置けそうな本を見つくろっては別のジャンルからこっそり持ってきてくれて、県内の出版社からも続々と納品があったおかげで、どうにかそれらしくなった。結局はすぐに棚が足りなくなり、開店後半年で五列ほど増やした。

県産本の棚が五十五列もできる県は、ほかにはない。

# 沖縄では本は売れない？

こんど那覇店ができるんです、と東京で出版社の人に話すと、反応はみんな一緒だった。

「沖縄では本は売れないよ」

本当にそうなのだろうか。じゃあどうしてこんなにも地元の出版が盛んなのか。ともあれ決まったことなので、どうか協力して欲しいと頼んだ。

新規開店の説明会が取次のビルの一室で開かれて、出版社の営業の人たちが集まった。

「沖縄の書店では新刊の入荷が遅れるのでしょうか」

出版社の人の質問に、取次の担当者が答える。

「送品は船便ですが、発売日にあわせて前倒しで出荷するので、発売が遅れることはありません」

開店後、新刊の予約注文を受けて入荷日が確定できずに手こずるたびに、この言葉を思いだした。本の入荷がふつう三、四日遅れることは、たとえば那覇空港の「宮脇書店」にも貼りだされている。本土の人は、知らないのだ。

といっても、沖縄の人も開店にはやっぱり懐疑的だった。

「ダイナハの一階から三階なんて。そんなにたくさんの本が必要？」

那覇店は、かつてダイエー那覇店のあったビル、通称「ダイナハ」に入る。

「まわりの本屋をつぶして撤退したりしないでね」

なんと痛いことばだろう。

それでも本好きの人たちは喜んでくれた。開店まで待てない！　という声に応えて、開店準備中に一部の出版関係者の「潜入ツアー」もした。みんなでヘルメットをかぶって床のブルーシートを踏みながら、真新しい棚の前に本が積みあがる店内を一緒に歩いた。

「わー澁澤龍彦がいっぱい！」

「文庫だけでこんなに棚が」

感嘆の声をありがたく聞きながら、本当にこれを片づけて開店にこぎつけられるのだろうかと、ひとり暗い気分になっていた。

# 近い本、遠い本

二〇〇九年四月二十四日、朝十時に開店。その瞬間に何かイベントがあったのか、自分がどこにいたのか、何も思いだせない。

レジは一階の中央にあるのに端っこの階段の踊り場までお客さまの列ができ、つり銭を切らしては銀行に両替に走り、問合せを受けても内線がつながらず自分で一階から三階まで探しにいき、隙間だらけの棚を無理やり立てなおして、日付が変わってもレジ締めをしている。GWが明けるまでそんな毎日が続いた。

「沖縄の人は新しいものが好きだからね」

確かにどこかに新しい店ができるたびに渋滞が起きている。

「今だけだよ」

もちろんこんな洪水のような人波はやがて治まったものの、そのあともずっと忙しかった。

「本を買いたい人はいても買える場所が少なかったんだね。大きな本屋ができてよかったよ」

うれしかった。

開店した日、最初に受けた問合せは、

「アガリウマーイの本はありますか？」

だった。それが「東御廻い」で、『沖縄の聖地』（むぎ社）、『沖縄拝所巡り３００』（那覇出版社）といった本に載っているのを突きとめるまでに、ずいぶん時間がかかった。初めての土地で郷土の本を売るのは大変なことだな、と怖いような気持ちになった。

何もわからないから、出版社のおすすめと実際の売上をたよりに棚をつくっていく。出たばかりの『沖縄で楽しむ家庭菜園』（琉球新報社）を営業の人に言われるがままに積んだら、みるみる減っていった。『島津氏の琉球侵略』（榕樹書林）と『奄美自立論』（南方新社）が立て続けに出て、今年は奄美・琉球侵攻からちょうど四百年なのだと知り、急いでコーナーをつくった。

聞いていた以上に沖縄本の動きは速い。刊行されると地元の新聞にすぐ紹介記事や書評が出る。お客さまもお問合せのかたちで次々と情報を寄せてくださる。出版社に注文のＦＡＸを送ると、次の日の午前中には車で届けてくれる。地産地消な距離の近さだ。

といっても沖縄県は広く、お探しの本が在庫切れだったお客さまに「石垣島に住んでいるからそう簡単には来られない、近所の本屋で取り寄せる」と言われたこともあった。

少し落ちついてきたころ、東京の店の元同僚から『沖縄カミさん繁盛記』（笑築過激団編）を手配して欲しいと連絡があった。通常の流通では入手しにくい本だが、那覇店は地元の取次から仕入れて在庫を持っていた。新しい店ができると、他の支店にとっても窓口が広がるのだと気がついた。

またある日レジに入っていたら、お客さまが『北海道いい旅研究室』十一号（海豹舎）を持ってこられて仰天した。直行便も飛ばない場所で「道産本」が売れるなんて。おそらく今まで、沖縄県内でこの本を置いている店はなかっただろう。お客さまにとっても、新しい店が他の地域への窓口になったわけだ。

面白くなって札幌店のスタッフと本を送りあい、札幌店で沖縄県産本フェアを、那覇店で北海道本フェアを開催してみた。「スロウ」「faura」といった道産の雑誌や、アイヌの民具や刺繍の本に出会えてとても楽しかった。

アジアと日本の交易の中継地であった、琉球王国のような本屋にしたい。と言ったら、王族や士族の方から怒られるだろうか。

＊〈昔は首里を中心に沖縄本島を、東方、下方、上方と三地域に分けていました。琉球の創世神と言われるアマミキヨ降臨の地の知念村、玉城村は首里より東方に当たることから、この地を廻る巡礼を「東御廻り（アガリウマーイ）」とよんでいます〉『沖縄・暮らしの大百科』（那覇出版社）より。

# 目をこらす

沖縄の書店で沖縄本の担当になって、新刊案内の見方が変わった。今までなら自分の担当ジャンルに目を通すだけでよかったのが、全ジャンルを見ている。どこに沖縄関連本が潜んでいるかわからない。

『沖縄を聞く』（新城郁夫、みすず書房）というような本なら何の問題もない。誰でも見つけられる。『うたの神話学』（福寛美、森話社）はどうか。よく見ると副題に「万葉・おもろ・琉歌」とあり、明らかに沖縄本である。『新・家系の科学』（与那嶺正勝、コスモトゥーワン）は特に沖縄の家系を扱った内容ではないのに刊行後の問合せが多く、著者の名字を見て「あ、沖縄の人だったのか」と気づいた。

沖縄の出版社であれば、新刊は必ず納品してくれる。事前の案内もなく突然二十冊入ってきたりするのに最初は驚いたものの、だいたい妥当な冊数を入れてくれることがわかって、任せるようになった。

問題は県外の出版社が出す沖縄関連本である。

出版社から情報がもらえたらいいのだが、なかなかそうもいかない。沖縄の本をたくさん出している出版社なら、「これは沖縄で売ってください」と必ず案内をくれる。何かの拍子にたまたま出すことになった出版社だと、沖縄で沖縄本が売れるということに気がつかない。いちいち「これは神奈川出身の著者だから神奈川の書店に」などとは考えないだろう。しかし、沖縄の人の郷土への関心、著者の人脈、書店の郷土本コーナーの広さは、際立っている。

日本古代史や中世史では、琉球王国は「周縁」として登場するだけなので、なかなか売れない。かわりにアジア史の本は動きを見せている。特に東アジア史は「中国・朝鮮・琉球」と副題に並んでいる本も見られ、日本史よりも距離が近い感じがする。

開店直後、沖縄本の棚で歴史の専門書をたくさんカゴに入れていたお客さまから『海域アジア史研究入門』(桃木至朗、岩波書店)の問合せを受けたときは、なるほどと思った。海で結ばれた「海域アジア」において、琉球王国は確固たる地位を築いていたのだろう。『大人のための近現代史　19世紀編』(三谷博ほか編、東京大学出版会)も、帯に「日本とその隣国に住む人々のために著された初めての東アジア近現代史」とあるので目立つように並べたところ、かなり健闘した。吉川弘文館の「日本の対外関係」シリーズの『倭寇と「日本国王」』には「琉球の大交易時代」(上里隆史)、「朝鮮使節・漂流民の日本・琉球観察」(須田牧子)といった論文が収められていて、沖縄本の棚からも売れた。

沖縄本コレクターの平山鉄太郎氏は、著書『沖縄本礼賛』（ボーダーインク）に〈沖縄本を集めていると「沖」「縄」「琉」「球」「八」「宮」「奄」「南」「那」とかいう文字が目に飛び込んでくるようになる〉と書いている。書名だけでなく、著者、出版社、帯や目次まで目をこらして、少しでも沖縄に引っかかるところを見つけて売りだせれば、沖縄本担当として胸を張れるだろう。道は長い。

ジュンク堂書店那覇店の沖縄本の棚。
沖縄関係の本がジャンル別に並んでいる

# コンビニから餅屋まで

那覇に異動した年の秋、石垣島の空港で版元品切れの本を見つけた。売店の隅に残されて、背表紙が日焼けして色が変わっていた。買って帰った。

沖縄では、土産物屋でも本を売っている。そのほとんどが「沖縄県産本」と呼ばれる、沖縄の出版社がつくった本である。埼玉から遊びにきた知人は、道の駅で「月刊ベースボール沖縄」を買っていた。コンビニも雑誌だけでなく県産本の新刊やロングセラーを並べている。

ボーダーインクは、二〇〇六年に『よくわかる御願ハンドブック』を出した。「御願（ウグヮン）」とは沖縄の家庭の年中行事のことである。発売後すぐに増刷を重ねて、あっというまに一万冊が売れた。人口一三〇万人の沖縄県で驚異的な数字である（二〇一三年現在、九万部を超えたとのこと）。「餅屋で週に一〇〇冊売れた」とあとから聞いて、何よりその発想に驚いた。沖縄では、年中行事で供え物として餅をよく使う。確かに、本屋より餅屋や仏壇屋のお客さんのほうがこの本を必要としているだろう。だからといって、東京の出版社が葬儀の本を出したとして、仏壇屋に持ちこむだろうか。

本は本屋で売る、本屋は本を売るという考えは、沖縄では当たり前ではないのかもしれない。

私が沖縄に来たころ、沖縄テレビが「うちなーぐちかるた」を発売し、猛烈に宣伝していた。「ぜひ大きく展開を」と地元の取次の人に勧められ、「県内書店で発売中！」というCMを見て、かるたは本屋で売るものなのかと不思議に感じた。学習参考書や児童書の売場に置くこともあるけれど、積極的に扱うものではないと思っていた。

かるただけでなく、魚のポスターやシーサーのペーパークラフトなども取次から卸してもらって、沖縄本の棚には自然と雑貨コーナーができた。

ここでは本は特別なものではなく、マンゴーや三線や紅型と同じ、沖縄の風土が育んだ特産物のひとつなのかもしれない。そう考えると、本と本屋が生き残る道も、どうにか開けてきそうな気もする。

# 船に乗って

また台風がやってきて、休配になった。三日も商品が入らないと、なんとなく店がだれてしまう。たまったものを片づける時間も大事だけれど、どんどん入れ替えてこその新刊書店だ。

那覇店に異動して最初に教わったのが「沖縄輸送計画表」の見方だった。東京の有明港から沖縄の那覇港へ、二隻の船が交互に就航している。二日分の荷物が船で東京を出て三日後に沖縄に着き、一日分ずつ書店に配達される。この予定表を毎月もらうのだが、主に天候を理由に、ちょくちょく変更になる。

沖縄の書店の商品は、みんな同じ船に乗ってくる。運命共同体である。二〇一〇年十一月、フェリー「ありあけ」が座礁して、載っていた荷物が沈んでしまった。中には少年ジャンプもあって、翌週は沖縄のどの書店にもジャンプが並ばなかった。輸送費を抑えるために一本化することでリスクが高くなってしまう。そのあとしばらくは代わりの船が補充されず、配送が不規則になった。

本土で月曜日に発売されるジャンプは、沖縄では火曜日発売である。これは早いほうで、ほとんどの本は発売日より三、四日遅れる。

二〇一〇年五月末に『1Q84』(新潮社)のBOOK1と2が発売され、「この店では当日に完売しました」などとニュースを賑わせていたとき、沖縄には入荷さえしていなかった。船の上だった。約一年後に刊行されたBOOK3はきちんと発売日当日に入荷して、村上春樹はすごいなあと感心した。1と2の反響の大きさから、沖縄行きの荷物は前倒しで出荷するという特別な措置がとられたわけだから(が、二〇一三年四月末に出た『色彩を持たない多崎つくると、彼の巡礼の年』(文藝春秋)はほかの本と同じように発売日より遅れ、沖縄の新聞でも話題になった)。

逆に、沖縄の本は本土に届きにくい。地方のなかでもとりわけ出版社の数が多いと言われる沖縄だが、県内のみで流通している本もまた多い。県外の書店から注文があっても、本土の取次と取引していない出版社だと配送料を理由に断ってしまう。もったいないけれど、実際びっくりするほど高いのだ。

おいそれと飛行機には積みこめない、本の重さ。海を越えるだけで一仕事である。はがゆさもあり、立ち向かう面白さもある。

台風が去ると、たまっていた荷物が一気に入ってくる。明日は二百六十箱をさばかなければならない。

# 面白くて厄介

沖縄の出版社がつくる沖縄県産本は、編集者も印刷会社も書店も読者も、基本的に沖縄県内にいる（著者は県外の人も多い）。地方・小出版流通センターを通して県外に出荷している出版社も多いものの、一番のターゲットは県内である。全国流通を前提にしないので本のつくりかたが自由で、それゆえの面白さも、ときに厄介さもある。

古い本なら、スリップもバーコードもＩＳＢＮもないのは当たり前。書店員の管理する手間は増えても、ネット書店では決して扱えないお宝を売れるのは醍醐味でもある。

同じ本でもカバーが何種類もあったり価格がまちまちだったり、書名も装丁も発行所も違うのに内容は一緒だったり。復帰前につくられたドル表記の本が入ってきたり（新刊書店なのに！）、ひとつのＩＳＢＮに対応する本が二冊あったり（出版社に電話したら、好きな数字を振っただけだと言われた）。

問合せされた本の連絡先がどうしてもわからず、お客さまに「当店では扱えません」とお詫びした直後に、地元の取次の人が「新しく仕入れた本です」とその本を納品してきた。とある本の在庫を出版社に確認したら「その本は絶版です」と言われたのに、忘れたころに何冊も入ってきた。すべてが流動的なのだから、何ごとも断言してはいけないのだ。ただ翻弄されるのみ。

『本土の人間は知らないが、沖縄の人はみんな知っていること』(書籍情報社)は、書籍情報社の代表である矢部宏治さん自身が東京から沖縄に通って書いた「沖縄・米軍基地観光ガイド」で、二〇一一年に刊行されると県内外で大きな話題になった。本土では地方・小出版流通センター扱いだが、沖縄では「琉球プロジェクト」という取次を通して、より流通しやすくしていた。

一階の平台に「沖縄県産本コーナー」があって、毎月テーマを決めたフェアをしている。ある朝「県産本ネットワーク」の皆さんと一緒に本を入れ替えていたら、琉球プロジェクトの仲村渠《なかんだかり》さんが出たばかりのこの本も持ってきていて、少なからず驚いた。自分のところで扱う本は「県産本」と認知していらっしゃるのか、内容に共感されたのか、それはわからない。

ただ、出版社の住所や著者の出身が沖縄でなくても「県産本」だと考えてもいいし、まわりも特に何も言わないということが、ちょっと楽しかった。

# EKE

おじいちゃんのからだには
もう春が来ないのね
いいね
好きよ

ボーダーインクのHPを開いたら、トップページに変なことばが出てきた。新刊『詩集　坊主』から、「老人愛好症《ジェロントフィリア》」の全文が引用されていた。

どうしてこのときボーダーインクのページを見たのか、今となっては思いだせない。『坊主』が出たのは二〇〇八年六月。私は東京で働いていた。翌年、沖縄に異動するとは想像もしていなかった。

ともあれこの詩が気になってしかたがない。もっと読みたいと思って本の紹介を見ると、帯の文句が出てきた。

　おめおめと生きる愉しさ
　又うんこが一つ

なんだかよくわからない。でも、好きだ。とても。著者の名前は花田英三。一九二九年生まれ、東京出身、那覇在住の詩人らしい。

地方・小出版流通センターの営業で沖縄担当の前田さんに「おもしろい本があるんですね」と話したら、次の日になぜかくれた。すぐに読みとおし、とぼけたおかしさとそこはかとない色気にやられ、それからもときどき読みかえした。沖縄県産本を自宅の本棚に並べるのは、初めてだった。

　翌年の春、沖縄の書店で県産本を担当することになり、ボーダーインクの注文書を見ていたら『坊主』に再会した。そうだ、花田英三コーナーをつくろう。といってもほとんど版元品切れだった。土曜美術社の『花田英三詩集』を仕入れて、一冊は自分で買った。

新規開店のごたごたがおさまってから、沖縄本の棚の整理を始めた。内容のわからないまま棚に入れこんでしまった本を、一冊ずつ見ていった。

文芸の棚の一段を、県内で発行された同人誌が占めている。あすら、あやはべる、縄、非世界、脈、A5判の薄い冊子が何種類もあって、いつのまにか次号と入れ替わっている。いったいどんな人たちが書いているのだろう。

順番にめくってみる。詩あり小説あり、エッセイあり評論あり。何誌かかけ持ちしている人もいる。名簿には住所まで公開されていて、ときどき県外の人も入っている。

何冊めかに開いた「EKE」の目次に花田英三の名前を見つけた。同人なんだ、今も書いているんだ。うれしくなって、バックナンバーまでさかのぼって全部見た。


さらに翌年の年末、ある詩集の出版祝賀会に行くと、向かいの席に端整な顔だちの男性がいた。詩人らしい静かなたたずまいに気圧される。まわりと会話されているのをしばらく聞き、だいぶ時間がたってからようやく話しかけた。

「あの、EKEの同人でいらっしゃるんですか」

話を聞いていていて、確かめずにはいられなかった。

「そうですよ」

EKEを主宰している、中里友豪さんだった。

「花田英三さんのファンなんです」

「じゃあ今度ＥＫＥの集まりにいらっしゃい」

四月の雨の日、いただいた葉書を手にして桜坂の酒場に向かった。座敷に入ると、奥の席であぐらをかいてやわらかく笑っている人がいた。花田さんだった。どんな悪いおじいさんかと思ったのに、穏やかな紳士じゃないか。

男性ばかり六人くらい集まって、泡盛を飲みおすしをつまみながら、語るのは詩や小説のことばかり。戦争、復帰、基地、すべての話題が文学につながっていく。

「先月の『現代詩手帖』に」

「川端は『眠れる美女』だね」

大人たちがこんなに熱心に文学の話をしているのを見るなんて、大学のとき以来だ。花田さんは黙って目を閉じている。ある大御所の名前が挙がったとき、ふいに口を開いた。

「あいつが日本の詩をだめにしたんだよ」

笑いながら。やっぱり昔は悪かったのかしら。

杯を重ねると不良老人らしい台詞も出た。

「賭け事なら麻雀だね。でも最大の勝負は女だ。いつも負けるね」

ますます笑ってひざを崩していた。

原稿を持ち寄る日だったらしく、みな原稿用紙を友豪さんに渡している。もちろん、手書き。

「宇田さんは？」

「？」

「原稿だよ」

「まさか、書いてきてません」

「どうして。同人になるんでしょう」

「まさか。詩なんて書けません」

「なんでもいいんだよ、書きたいように書けば」

「そんな」

このやりとりを何往復かしたのちに、本当に同人になってしまった。毎号、なんだかわからないものをひとり書きちらかしている。

ＥＫＥは一九八五年から続く詩の同人誌である。入れ替わりの激しい沖縄同人誌界ではかなり古いほうで、二〇一三年七月現在、四十三号まで出ている。誌名の「ゑけ」は沖縄の古謡「おもろさうし」に出てくる感動詞である。〈ゑけ　上がる三日月や〉。

　刊行は半年に一度で、そのあいだにはみな仕事を替えたり引越ししたり病気になったり、いろいろとある。六十代前後の方が多いからなおさらだ。それでも締切前には詩を書いて、集まってくる。

「詩を書くのって楽しいよね」

「カレンダーの裏が書きやすい」

「ぼくは、小学生用のノート。枡目が大きいやつ」

　友豪さんは「ＥＫＥは自分の杖」とおっしゃっていた。一番若い私もまた、支えてもらっている。

# 異動と移住

沖縄に引越しをして友だちに葉書を出したら、「よかったね」「うらやましい」と次々に返事が来た。プールのある家で新婚生活でも始めたかのように祝福された。

好きが高じてとうとう移住したのならともかく、異動してみたいと手を挙げたら通ったというだけだったので、あまり喜ばれてもなんと返したらいいのかわからない。沖縄ってみんなの楽園なんだなとあらためて思った。

沖縄に来た直後は、東京にいたとき以上に働いていた。引越してから開店まで一か月しかない。家から歩いて店に行き、本を数えて分けて運んで並べて、レジの使いかたを覚えてアルバイトの人事書類を集め、地元の出版社に取引の交渉をして、一日じゅう建物のなかにいた。「沖縄に来た！」と浮きたつひまはなかった。合間にさんぴん茶を飲んで帰りにブルーシールでアイスを食べるくらいだった。

そんな生活だから「沖縄はどう？」ときかれても答えに困った。それは四年たった今でもあまり変わらない。

東京の店にいたころ、沖縄県産本フェアではサンゴ礁やシマ豆腐の本を並べ、地元のいきいきした本に触れることができた。もちろん戦争や基地の本もあったけれど、それだけではない広がりがあった。

しかしふだん棚にあるのは県外の出版社が出した本が主で、私の担当が歴史と思想だったので内容も重かった。教科書問題、占領、普天間、沖縄イメージ、植民地主義。近代史やカルチュラルスタディーズの棚を前にして「沖縄大好き！」と言うことはとてもできなかった。

沖縄県産本から沖縄に興味をもち、料理を食べにいったり三線の演奏会や新宿エイサーまつりに出かけたりしても、旅行したことはなかった。社員旅行は沖縄だったのに、みんなが水着の話をしているのに怖気づいて行かなかった。

初めての沖縄は、家探しだった。唯一の知り合いであったボーダーインクの新城さんに付き添ってもらい、壺屋の部屋を見た。隣の家の玄関に大きなシーサーがいるのに驚いた（陶工の方が住んでいた）。

そこに決めたあと、近所を案内してもらった。壺屋やちむん通りから平和通りに出て、右手の急な坂を上って桜坂劇場へ向かう。ここは二〇〇五年に開館した映画館で、カフェや雑貨店、古本屋が併設され、イベントや講座も行われている。コーヒーを飲みながら本を読む人やフライヤーを集める人を見ていると、東京でなじんだものに再会したようで、少し安心した。

平和通りに戻り、市場界隈を歩きまわる。太平通り、新天地市場、えびす通り、パラソル通り、かりゆし通り。シーツに婦人服、骨董品、野菜やお餅やお弁当が延々と並び、店と店の境もはっきりしない。

「この市場通りをまっすぐ行けばそのまま沖映通りに出てジュンク堂に着くよ。ただ人が多いから、こっちのむつみ橋通りのほうが歩きやすいかもね」

そう言われても、路地に入ったら迷子になる。こんなごちゃごちゃした通りをこれから毎日通うことになるんだな。

仕事が落ちつくと、少しずつ外に出かけた。

海なんてまったく興味がなかったのに、目の前に見たら引き寄せられて、入りたくなった。飲み会に行って、そろそろ眠いし帰ろうかと思った午前〇時に民謡のステージが始まり、動けなくなった。二時まで飲んでも案外起きられるし働けるものだと知った。

夏は十九時をすぎても明るく、冬でも縮こまらず、電車に乗らずに暮らせるのは、思った以上に快適だった。それでも、身構えていた。

「沖縄は好き？」

「はい」

「どうして？」

「住みやすいし、人が優しいし……」

本当にそう思っているのに、自分がいいとこ取りをしているような気がしてきて、口ごもってしまう。

最初の一年はただ夢中ですごした。二度めの春を迎えて、この先を考えるようになった。来るときに「まあ二年」と言われたのが引っかかってきた。いま戻ったら、観光客と変わらないまま終わってしまう。

「実は沖縄に住んでみたこともあって」

そういう感じにはしたくなかった。せっかく意を決して来たのに、好きかどうかも断言できないまま出ていくなんて。

国際通りを歩いていて土産物屋に声をかけられることもなくなった。「異動」をいつまでも言い訳にしてはいられない。

# 次にやる人

沖縄に異動するとき、出版社の営業の方が手紙をくださった。注文書でいつも見ていたのと同じ、まるくて丁寧な字が並んでいる。激励の手紙はこう結ばれていた。

「私が前に勤めていた書店の元同僚が、那覇で古本屋をやっています。よろしければ遊びに行ってみてください」

知っている人もいなければどこに行けばいいかもわからないのだから、耳よりな話である。引越して二週間くらいしてから訪ねていった。

牧志公設市場の通りにある「とくふく堂」という古本屋で、女の人が店先でうずくまるように文庫本を読んでいた。隣に座らせてもらって話をした。ひろみさんは二〇〇五年に東京から夫婦で移ってきて、店を始めたという。琉球新報のキャラクター「りゅうちゃん」のキーホルダーが私とお揃いだった。

「つらいときはりゅうちゃんを見るか、空を見るよ。沖縄は海もきれいだけど空もきれいだから」

東京に住んでいたときは休みのたびに古本屋に行った。中央線を一日に一駅ずつ歩いてまわり、新刊書店とはまったく違う品揃えや雰囲気を楽しんだ。沖縄に来て、路地を散策したりバスで海に行ったり家で寝たりしているうちに、古本屋というものは遠くなった。歩いて通勤するから本を読むことも少なくなった。

それでも気がつけば古本屋に入っていた。

異動前、ボーダーインクの新城さんに家探しにつきあってもらったあと、首里の「おきなわ堂」で沖縄本のレクチャーを受けた。引越したばかりの休日、近所を散歩していて見つけた「ツボヤ書房」に入ったら囲碁の本や美術の大型本がたくさんあって、なんだか懐かしい感じがした。夏の昼間に汗だくで国道五十八号の向こうまで歩き、若狭の「言事堂《ことことどう》」でガラス展を眺めた。東京の出版社の方と宜野湾の基地を見学してから「榕樹書林《ようじゅ》」に行った。まっすぐ帰りたくない日は、桜坂劇場のなかの「ふくら舎」に寄って古きよき文芸書を眺めた。同僚に車で宜野湾の「ＢＯＯＫＳじのん」に連れていかれ、沖縄本の品揃えを見て撃沈した。面白い古本屋があるよと聞いて若狭の「ちはや書房」と牧志の「ロマン書房」をはしごした。

二〇一〇年にボーダーインクから『沖縄本礼賛』が出て、著者の平山鉄太郎さんが来沖することになり、刊行記念の集まりに呼んでもらった。

「古本屋の人がたくさん来るよ」

と聞いて、楽しみにしながらも身構えた。熟練した古本屋の人たちの目に、異動したての新刊書店の店員はどんなふうに映るのだろう。

『沖縄本礼賛』は、平山さんが二〇〇一年の沖縄旅行で沖縄本に目覚めて以来、あらゆる手段を駆使して沖縄本を集めまくった記録である。もちろん新刊書店でも買うのだが、やはりコレクターとしては一般に流通していない本や絶版で入手困難な本を集めるのが何より楽しいだろう。アマゾンやヤフー・オークション、日本の古本屋といったサイトは鉄板として、東京の古本屋で目を皿のようにして沖縄本を探したり、沖縄の古本屋に電話をかけたりと、地道な蒐集活動は今でも続いている。

平山さんが誰よりお世話になっているであろう古本屋の人たちが刊行記念の会にいらっしゃるのは自然なことなのだけれど、古本屋と出版社、そして新刊書店の私が同席しているのは不思議な感じがした。東京では古本屋の人と直接関わることはなかったし、どちらかといえば敵対関係にあるように思っていた。

沖縄では、古本屋が沖縄本を新刊で仕入れることも珍しくない。土産物屋も雑貨屋も新刊を置いている。本を売るのは新刊書店だけじゃない、みんなで売ればいいというおおらかさがある。そんな土地柄だからこうして一緒に飲めるのかなと思いつつ、初めて出会う古本屋という職業の人たちに緊張して、あまり話せなかった。風邪気味でもあった。

なのに帰りそびれて二次会のカラオケに行き、歌わずにいたら「文華堂」の濱里さんに「歌も歌えなくてどうするのか」と怒られた。濱里さんは『沖縄本礼賛』に、店先で泡盛をふるまう豪快な古本屋店主として登場する。イメージ通りだった。

二〇一一年の四月には、親しくなった「ぼんぼれな書庵」さんに誘われて古本屋の模合を覗きにいった。模合とは、参加者が毎回一定の金額を出しあって集まったお金を順番に受けとり、ついでに飲み食いもするというものである。古本屋の模合では朝から本の交換会をし、昼食をとりながら精算する。

「あれ、なんで来たの」

といぶかられつつ、本を見ながらいろいろ教えてもらう。

「欲しい本があったら入札してみていいよ」

そう言われても相場の見当がつかない。共同売店の本の束に心を惹かれたものの、落札価格は私の予想よりずっと高かった。

「なに、宇田さん古本屋やるの？」

「とくふく堂」さんがにやにやと近づいてきた。だんなさんの方だ。

「やりませんよ」

「やってみたら？　案外面白いかもよ」

「今日見ていて、ずいぶん高値で取引されているから驚きました。利益が出る気がしません」

「沖縄本は売れるんだよ」

そのあとの昼食会は辞退して帰った。

古本が好きなことも古本屋に憧れたことも忘れていたのに、じわじわと距離が縮まっていた。

もちろん、新刊書店員としても働いていた。沖縄本を売るのは思ったよりずっと楽しくてずっと大変だった。沖縄では出版社だけでなく、企業も市町村も学校も個人も本を出す。新聞の書評には店にない本がどんどん載る。問合せがあるたびに発行元をつきとめ、連絡をとり、交渉する。

どの本屋にも並んでいないような珍しい本を仕入れては喜んだ。仕入れられない本もたくさんあった。本土との商習慣の違いが大きかった。会社の規定通りにしないと支払えないから、どうにかこちらのやりかたに合わせてもらう。ここで決裂したことも多い。

まだ流通しているのに取引できなかったり、もう絶版になっていたりで、

「図書館か古本屋でお探しください」

という決まり文句を繰りかえした。

入社してからまもなく十年。店の広さに本の量、お客さまと従業員の数が、だんだん手に余ってきた。なのに把握しているふりをして立ちまわることに疲れてしまった。仕事は楽しいのに、苦しい。

なんとなく、そろそろかなと思いはじめた。空を見てもりゅうちゃんを見ても気が晴れない。古本屋になろうかなと思った。みんなやっているし、ひとりくらいどうにか暮らしていけるんじゃないか。本を売るほかは何もできないし。

めったに見ないツイッターを開いたら、とくふく堂休眠の話題で賑わっていた。とくふく堂のブログを見ると、その日の日付で「次にやる人を探しています」という記事があがっていた。

ああ、これだったんだ。

メールを書きかけて、途中でやめて電話をした。

# Ⅱ 開店前夜

# 二十年後

小学六年生の私に「二十年後には沖縄で古本屋をやっているよ」と教えたら信じただろうか。「車の免許をとって運転しているよ」と言ったら、きっと「まさか」と笑ったはずだ。

会社を辞めて古本屋を始めようと思ったとき、最初にぶつかったのが車の問題だった。不器用で方向音痴なので、免許をとろうなどとは夢にも考えたことはなかった。でも古本屋は買取をして本を運ばなければ商売にならない。私に車を運転する能力があるのだろうか。車を所有する手間に耐えられるのだろうか。

引越しもしなければいけなかった。浴槽も洗面所もあるマンションに住んでいたのだが、自営業にはぜいたくすぎる。安くて広くて駐車場もあるアパートを探さなければならない。

自動車学校と不動産屋に通い、どちらもなかなか思うように進まなくて苛立った。それでも目の前にこなすべき課題があるのはありがたかった。急に無職になって、何から始めたらいいのかわからなかったから。

まわりの人たちは車よりも家よりも、私の人生を心配していた。会社に辞表を出しても冗談だと思われ、アルバイトの子には泣かれ、転職の経験のある人はもう一度考えなおすようにとメールをくれ、出版社の社長はいかに本が売れないかを電話で切々と語った。その人たちを安心させる材料はひとつもない。自分が誰より不安なのに。どうにかなだめて、応援してくれるようお願いした。

とくふく堂の徳沢夫妻は、いたって気楽だった。

「うちらはいつでも閉められるよ。来週開けちゃえ！」

「無理です」

「なんで？　本もあるし棚もあるし、開けてからいろいろやればいいじゃん」

「だって開けたら引きかえせないし、本も集めたいし、少しは休みたいし」

ぐずぐず言いながら、ただ店先にうずくまっているのだった。

ともあれ車と家だけでなく、本と店のことも考えなければ。宜野湾に行き、ＢＯＯＫＳじのんの天久斉さんとお昼をご一緒させてもらった。天久さんは沖縄の古本業界のアニキと呼ばれており、困っている人がいれば全力で支援してくれるらしい。ぜひ、アニキの力を借りたい。

「どうして古本屋をやろうと思ったんですか？」

「新刊書店は扱える本が限られるからです。沖縄の本は流通に乗らないものや絶版になったものが多くて、もどかしかったんです」

「古本屋から卸すこともできるでしょう。まだまだやれることはあったんじゃないかな」

会社を辞めて独立することをただ止める人ばかりだったのに、天久さんはもっと突っこんだ質問をしてくる。面接を受けているように背筋が伸びる。

「それはいいとしても、どうしてあの場所で？」

天久さんにはそれが一番の疑問だったようだ。

「あの場所」、とくふく堂は、確かに古本屋としてはだいぶ変わっている。まず、立地があまり本屋らしくない。国際通りに垂直に交わる市場中央通りの、牧志公設市場の向かい、漬物屋と洋服屋のあいだにある。みな路上まで品物を出し、店主は道路のほうを向いて座って店番している。歩いているのはほとんどが観光客で、地元の人は年配の常連客が多い。

もっと特徴的なのはその狭さである。とくふく堂は二〇〇五年に、間口七十五センチ、奥行き百八十センチの、人がふたり入ればいっぱいの空間で開店した。二年後に隣も借りて、あとふたり入れるようになった。さらに可動式書棚と平台を路上に出し、かろうじて三坪。アーケードがあるので雨の日も安心である。

「棚も本もあって始めやすいですし、人が通る場所ですし、私ひとりだったらあの狭さがちょうどいいかと思って」

　答えながらしどろもどろになる。自分でもよくわからないのだ。

　面接なら確実に不合格だが、天久さんはそれでも見捨てることなく本の仕入れかたや売りかたを丁寧に教えてくれ、業者の市に参加する手はずも整えてくれた。

　そう、何よりも本が必要だ。注文すれば入ってくる新刊書店とは違う。とくふく堂の在庫も引き継ぐことになっていたが、品揃えは変えたかった。沖縄本をもっと増やしたい。函入りの専門書も並べたい。

　業者の市でおそるおそる入札する。仕入れた本は、徳沢夫妻や友人たちと一緒につくった家の棚に並べる。

「よかったら私の本を使って」

と、東京や愛媛や福岡の元上司や出版社の人が何箱も送ってくれた。その人がこれまでしてきた仕事や興味関心がうかがわれる本ばかりで、大切なものを託してくれたのだと胸が熱くなった。しっかりしなきゃな。

　本のほかに必要なのは古物商の許可証である。お金さえ出せば誰でもとれるとはいえ、書類を揃えるのが面倒くさい。法務局に行ったり本籍地から身分証明書を取り寄せたり下手な地図

こ、いなり足がれあ。たっ行に署察警覇那くやうよ、てけかも月か一にのるすりたし書手を
こが間違っていると不備を指摘されては出なおす。

「営業所の名前は？」

「まだ決まっていません」

「それじゃ出せないんですよ。来週までに決めておいてください」

まだまだ関門は続く。

# 沖縄語辞典

二〇一一年三つめの台風。風は前より弱かったものの、のろのろと進むのを待つのに疲れた。沖縄本島は四十六時間も暴風域に入っていたそうだ。ジュンク堂書店那覇店は八月五日、開店以来初めて、終日閉店した。私は七月末で退職していたのだけれど。

六日になってもまだ強風が吹いていたが、自動車学校に入校するため、傘もささないまま三越前まで歩いていった。バスを待つあいだに、ずぶ濡れの観光客が何人も走りすぎていく。

遅れて到着した送迎バスには私ひとり。

「明日にすればよかったのに」

と運転手さんに言われ、そうですね、とうつむく。いやなことは早くすませたかったのだ。

授業が終わって手続きを確認しているうちに、帰りのバスは行ってしまった。雨はやんでも風が吹きまくるなかを、とぼとぼ歩く。

やっと国際通りにたどりつき、県庁前の複合ビル「パレットくもじ」七階にあるリウボウブックセンターリブロに寄った。沖縄本コーナーを見る。新刊を確かめていたら、はっと平台に釘づけになった。『沖縄語辞典』（国立国語研究所編、財務省印刷局）が平積みになっていたのだ。

これまで何度か問合せを受け、「版元品切れです」と答えてきた。

「この本がないの？　うそでしょ？」

と信じてくれないお客さまもいた。確かに定番書として棚に並べたい本なのだが、ジュンク堂那覇店が開店する前から品切れなのだった。

その本が、三冊もある。品切れというのは私の思いこみだったのか。出版社に電話して確認したことはあっただろうか。もしずっと流通していたとしたら、うそをつき続けたことになる。非常にまずい。

最近重版されたのか、と奥付を見たら、平成十三年の九刷。では、ずっと前に仕入れた在庫がまだ残っているということなのだろうか。

家に帰っていくつかネット書店を見ると、総じて「品切れのためご注文いただけません」の表示になっている。ひとまず安心した。

ついでに、琉球新報の記事を見つけた。

沖縄語辞典、15年ぶりに再版［１９９８年３月11日］　沖縄方言の最初の本格的辞典で古典的名著といわれる「沖縄語辞典」（国立国語研究所編、大蔵省印刷局）が、15年ぶりに本屋の店頭に並ぶことになった。再版を望む各方面からの声に押される形で８刷の刊行が決まったもので、研究者を中心に早くも歓迎の声が上がっている。県内でも11日から発売される。（中略）同書は、政府刊行物を扱っている文教図書の本店、各支店で発売される。定価は５２００円。

最後に出てくる「文教図書」は、二〇〇三年にリブロに営業権を譲渡した。県内ではほぼ独占販売だったのだろう。

さらに、こんな記事も。

沖縄語辞典の増刷決定［１９９８年３月25日］　15年ぶりに再刊された「沖縄語辞典」（国立国語研究所編、大蔵省印刷局）は、発行元の予測を超える売れ行きをみせ、品切れ状態が続いている。限定出版のため、一時は予約受け付けもストップしたほど。このため、国立国語研究所（国研）は、当初の方針を変更し、急きょ増刷することを決定。古典的名著といわれる同辞典の価値があらためて証明された形だ。／沖縄方言の初の本格的辞典として版を重ねてきた同辞典。15年ぶりの再版となった8刷が、県内で売り出されたのは去る11日から。那覇市久米の沖縄政府刊行物サービスセンターと文教図書の本店、支店には、発売開始とともに注文が殺到。予約を含め1週間で約600冊と、飛ぶような売れ行きで、入荷が間に合わない状況だ。(後略)

たった二週間でこの展開である。すごい。五千二百円が六百冊だから、三百十二万円だ。これは売るのが楽しかっただろう。

店にあったのは確かに平成十三年の九刷だったけれど、平成十年(一九九八年)に八刷が出てそのあとすぐに増刷しているのだから、平成十三年に刷られたものは十刷にあたるのではないだろうか。刷や版の考えかたはよくわからない。

ともあれ、次に行ったら一冊買っておこうと思う。

# 不動産屋・自練・本屋

朝から不動産屋さんとスーパー「かねひで」で待ち合わせ、アパートを三軒まわる。物件めぐりはふつう車か徒歩だと思うのだけれど、バイクの二人乗りをさせられた。

アパートの階段を一列になって下りながら、「荷物は多い？」ときかれる。

「本が」

「どんな本？」

「小説です」

「そんなにたくさん小説読むの？　どんな小説？」

「そうですね」

「三浦綾子とか？」

「そうですね、三浦さんの同世代の、安岡章太郎とか」

一瞬、三浦綾子と曽野綾子がわからなくなった。

「安岡章太郎？　あのね、僕は三浦綾子の『塩狩峠』が好きなの。読んだ？」

「高校のときに」

「すごい話だよね。感動して影響を受けて、一時期は熱心に教会に通ったよ」

へええ、と声をあげてしまう。『塩狩峠』が好きだという人には何人か会ったことがあるけれど、信仰に目覚めたという話は初めてだ。

下についた途端に大雨が降ってきた。一個百円の白菜をキムチにした話や、台風の日に犬小屋で寄りそう犬と猫の話を聞きながら、やむのを待った。

◇

「自練《じれん》」（「自動車練習所」。沖縄の人は自動車学校をこう呼ぶ）の帰り、送迎バスが停止するたびに運転手さんが本を読んでいた。

カバーのない濃い緑色の単行本で、紐のしおりが揺れている。赤信号で開き、渋滞で開いては少し読み、また置く。

実技でへろへろになった身にはその余裕がまぶしく、しかし自練の人が車の停止中に本を読むなんてご法度ではないのかと思う。何をそんなに熱心に読んでいるのか。ミステリーか時代小説というのが無難な予想だろうか。

◇

牧志公設市場の近くで、年配の女性が広げている旅行ガイドに紀伊國屋書店のブックカバーがかかっていて、目を奪われる。

沖縄に紀伊國屋はない。久しぶりに見る光景だった。

こちらに来たばかりのころ、ゆいレールでジュンク堂書店のカバーがかかった本を読んでいる人を見て、うれしかった。本屋はこんなふうに町を変えていくのだと思った。

明日は牧志駅に新しい商業ビル「さいおんスクエア」が開店する。そのなかに宮脇書店が入っている。国際通りには、かつては球陽堂書房や文栄堂など本屋がたくさんあったのに、二〇〇九年四月に沖縄教販松尾店が閉店してからは一軒もなかった。二年ぶりに本屋が復活。町はどう変わるだろうか。

◇

なぜか不動産屋のおじさんと飲みにいく。

「昔は作家になりたかった」

「何が書きたかったんですか？」

「恋愛小説」

「三浦綾子のほかはどんな作家が好きですか？」

「太宰治」

『お伽草紙』の「カチカチ山」は、兎と狸を女と男にたとえて、何度読んでも笑ってしまう面白さだという。読みかえしてみたくなった。

◇

自練行きのバスの一番前に乗り、運転手さんの持っている本を覗きこもうとする。信号で止まったとき、ようやく背表紙の一部が見えた。

「朝倉恭介　Cの」

さらに次の信号で、下のほうに「楡」という字があるのも見えた。楡周平か。確かに、読みはじめたら止まらなくなりそう。帰ってから検索した。

『朝倉恭介　Cの福音・完結篇』

十年前に出た宝島社の本。今は文庫になっている。古本屋で買った単行本なのだろうか。

◇

宮脇書店国際通り店、開店。新しい棚、きちんと並んだ本が光っている。なんとなく地図が欲しくなり、昭文社の『那覇市』を買う。

# 世界のウチナーンチュ大会

二〇一一年十月、第五回「世界のウチナーンチュ大会」が開かれた。沖縄は日本有数の移民県で、戦前から数多くの県民を世界に送りだしている。この大会は世界各地で暮らすウチナーンチュが沖縄に戻ってくるお祭りで、ほぼ五年に一回開催される。町には「世界のウチナーンチュ」があふれ、あちこちで英語やスペイン語が聞こえた。南米ファンである私には楽しい日々だった。

シアトルから来た男性と話をした。三十年ぶりの沖縄だという。

「山之口貘を探していて、たまたま入った古本屋で見つけて感激した。この一冊を買いにきたようなものだ」

金子光晴が編集した『山之口貘詩集』（彌生書房）を見せてくれた。

「このふたりほど豪華な組合せはない」

去年、原書房から貘の詩集が復刊された話をすると、

「それはすばらしい仕事」

と大きくうなずいていた。

この男性が入った古本屋は「ガラクタ文庫」さん。奥武山公園近くでの営業を十月で終えて、浦添に移転して「小雨堂」として新装開店される。

私が男性に出会ったのは「ぼんぼれな書庵」さん。平和通りの「Ａｎ庵」というゲストハウス兼古本屋である。

古本屋っていいな。世界のウチナーンチュたちがまた五年後に帰ってきたとき、喜ばれる本屋になりたい。

# 古本とコーヒー

那覇のニューパラダイス通りから路地を入ったところに、「珈琲屋台ひばり屋」というお店がある。路地の途中に塀があり、塀の向こうに庭があり、庭の奥に屋台があり、屋台の上にコーヒーがある。沖縄に来たばかりのころ、

「ここ、コーヒー屋さんなんだよ。今日はお休みみたいだけど」

と教えられて、

「ここが!?」

と信じられなかったほど、店としてありえない場所にある。でも、あとで行ってみたら楽園のように居心地がよくて、ときどき通うようになった。

今日は若狭の古本屋「ちはや書房」さんが出張販売されているのを見にいった。

ちはや書房さんは水木しげるを激推ししつつ、沖縄本もその他のジャンルもバランスよく揃えて、新刊や雑貨も扱っている。圧巻なのは店の壁面の文芸書で、眺めていると忘れかけてい

た血がざわざわと騒ぐ。

客層も若そうだし今日はかわいい本が多いのかなと思いながら棚を見ると、ところどころに茶色い函入りの本やカバーのない古い本も置かれている。

「ひばり屋さんのお客さんは本好きな人が多いんですよ」

ちはや書房さんに言われても、でもまさかここで……と半信半疑だった。

が。横目で見ていると、売れていく大半はかわいい本なのだけれど、茶色い本もまれにまじっている。買っていくのはおじさんもいれば、若い女性もいる。なぜここでこれを、ときいてみたいくらいである。

ジュンク堂の袋を持っている人も何人もいた。ひばり屋からは歩いてすぐだ。

「いつも寄ってから来るよ」

と話している。みんな本が好きなんだな。私なんかには推し量れないくらいに。

古本とコーヒー。定番だからこそ、侮れない組合せなのだと知った。

札幌の友だちを訪ねたときは、古本とビールの店「アダノンキ」に連れていってもらった。

私の父のふるさとの「あら川の桃」を使った「箕面ビール」を飲んだ。

私が引き継ぐ古本屋「とくふく堂」は、伊江島の「イエソーダ」と生乳100%の「やぎみるく」を出している。古本と山羊ミルク。

# Ⅱ　開店前夜

さて、私の古本屋は？　とくふく堂の冷蔵庫を売りはらい、棚を増やそうとしている。うるおいのない古本屋で、すみません。

# 本棚

引越したら、家にたくさん本棚を置こうと決めていた。自分の本だけでなく店の在庫も置くことになるから。壁を本棚で埋めつくす。ずっと夢だったものの、どんなふうにすればいいのか。『自宅の書棚』（産調出版）を眺める。書斎だけでなく台所や浴室など、家じゅういたるところへの本の並べかたを紹介していて、うっとりする。ただ、家を建てるときに一緒につくりつけたような本棚ばかりで、アパート住まいには参考にならない。

スーパーやホームセンターを見にいく。何を置くにも中途半端な幅と高さだったり、文庫とコミックに特化されていたり。世の中でB6やA5の本を持っている人はそんなに少数派なのだろうか。きちんと本のサイズに合った本棚がなぜ売られていないのか。

結局、本棚作りの経験者をたよって、つくることにした。自分には絶対に無理だと思っていたけれど、ほかにどうしようもない。

部屋を測り、棚の幅を決めて、板の長さや枚数の計算は全部してもらった。

一緒にホームセンターの「メイクマン」に行き、柱と棚板と支えの木を買い、その場で切ってもらう。

アパートの三階の部屋に木材を運ぶ。階段で何往復もする。柱に棚板の位置を鉛筆で書き入れ、そこに支えの木をくぎで打つ。柱を立てて、支えの木に棚板をわたし、くぎで固定する。思ったよりはずっと簡単で、くぎを打つのも楽しかった。部屋で打ちだしたらあまりに音が大きく、ベランダに出た。道向こうの工事現場の騒音に励まされながら打った。

六畳の洋室の壁一面に棚をつくった。幅百七十センチ、高さ百八十センチ、奥行き四十センチの棚が二本。視界におさまらない。

あとは引越し以来そのままになっていた段ボールを開けて、本を整理しながら差していく。これは得意。本が背表紙を揃えて並んでいるのは美しい。ずっと箱のなかにいるのは苦しいよね。

最低あと一本は必要、と材料を買い足した。部屋には柱と板が立てかけてある。未開封の段ボールも残っている。台風が去って、免許がとれたら、つくろうか。

# 店の名前

ずっと自分の店をもつのが夢で、コツコツと備品や商品を集めたり想像図を描いたりして楽しんできたという話を聞いたことがあるけれど、そんな用意もなく、こんな店にしたいという展望もあまりないまま準備をこなしていた。早く古本屋としての日常を暮らしたかった。旅行は好きだけど準備（と後片づけ）は好きじゃない。

といいつつも、始めたらそう簡単には終われない、飛びこんだら引きかえせないと思うと腰が引けて、いつ開けるのかなかなか決められなかった。

「うちらは今月いっぱいで閉めようと思うんだ」

十月のなかば、とくふく堂に座っているとひろみさんに言われた。最初から夏のうちには閉めたいと言われていたのを、私がぐずぐずと引きのばしていたのだ。もう夜は半袖では寒い。観念すべきときが来ている。

携帯で十一月のカレンダーを見る。開店は土曜日がいいだろうか。カーソルを動かしていたら、「２０１１年11月11日」という文字列が出てきた。

「1がいっぱい」

金曜日というのもちょうどいい。ひとつ決められた。


看板をつくるにも古物商の免許をとるにも店の名前がいる。これもずっと考えてきて、案はいくつもあったはずなのに、「かわいくない」「やる気がなさそう」「読みにくい」「聞きとりにくい」などの理由で次々に却下していったら何も残らなかった。

あらためて商店街の看板を見ると、ほとんどが名字と業種の組合せになっている。「浦崎漬物店」、「糸洲雨合羽店」、「ミヤギミート」。「大城文子鰹節店」はフルネームだ。

「宇田智子書店でいいじゃん」

という声は無視してきたけれど、やっぱり名前がいいのかな。

そこでふっと出てきたのが「ウララ」だった。小学生のころ、山本リンダの「狙いうち」を替え歌にして私の名字をからかう輩がいた。決して好きではないのに気になる響き。誰でも読めるし覚えやすいし、カタカナの字面がいい。トラウマを自ら克服するときなのかも。

業種はどうやって表すのか。古本屋のリストやマップをひっくり返してみた。古書ウララ、ウララ書店、ウララ書房、ウララ堂、書肆ウララ、ウララ文庫、ブックスウララ。どうもぴんと来ない。ウララはただのウララのままでありたい。枕詞をつけよう、ということで「市場の古本屋ウララ」になった。

私が自分で何か決めたのはこれくらいではないだろうか。あとはロゴも名刺もフライヤーも、看板も内装も、まわりの人たちが先に動いてくれて全部つくってくれた。車にもまだ乗れないから人を呼んではあちこち連れていってもらい、大量の本を上げ下ろしするときにも手伝ってもらった。

人に頼るのは苦手で、できるだけ自分でやれるように暮らしてきたつもりだった。なのに今はひとりではなにも進められない。運転も力仕事も日曜大工もデザインもできないのに、どうして店をやろうなどと思ったのか。身のほど知らずだったと落ちこみながら、また誰かに頼みごとをする毎日だった。

迷惑をかけたというふうには思いたくない。応援したいという心意気で力を貸してくれたのだろう。どうやってお返ししたらいいのかわからないから、とにかく店をきちんと開けて続けようと決めた。

# 開店前夜

## 「とくふく堂」閉店

二〇一一年十月三十一日、「日本一狭い古本屋」とくふく堂が、閉店した。ビールやケーキやお花を持って続々と人がやってきて、別れを惜しんでは本を買っていく。みんなの淋しそうな様子を見ていると、なんだか私が追いだしたような、申し訳ない気持ちになってしまった。

市場の人たちも帰りがけに声をかけていく。とくふく堂の店主はいつも店の前（つまり路上）に座っているので、挨拶するのも簡単なのだ。通りのお店はドアもなく、ほとんどみんな店の前に座って店番をしている。お祭りの出店のような毎日である。

人も少なくなった二十一時すぎに片づけを始める。最後の閉店作業を見届け、「これで無職だ」としみじみとする店主夫妻に何を言ったらいいのかわからないまま、家まで送ってもらった。

翌日、店の撤収をした。といっても棚はそのままで本の一部を入れ替えるだけなので、あっという間に終わった。ジュンク堂の若い男の子たちが手伝ってくれたおかげ。

幸いにもこれまで書店の閉店には立ち会ったことがなかったので（胸の痛む伝説はいろいろ聞いた）、初めての閉店作業だった。本の入っていた棚が空いたままになっているのは、単純に淋しい。早く埋めてあげたいと思う。

みーぐち

ここからの十日間が本気の準備期間である。昼はまわりのお店が開けているので大がかりな作業はできず、もくもくと本を並べた。

昼間、店のなかでひろみさんからあれこれレクチャーを受けていたら、外に女性が現れた。

「十一日開店なのね、まちがって来ちゃったわ」

探している本があるというのでお聞きし、「今はないですが、探しておきます」とお返事した。初めてのお問合せ。

夕方、空の棚を雑巾で拭いていたら、外から声がかかった。

「これ、買えますか？」

掃除のため外に出していた棚から、お客さんが文庫本を手にしている。

「え、売っていいの？」「いいんだよ」

自問自答して、

「はい！」

と答える。

初めてのお客さま＝「みーぐち」。おつりも用意していないのであたふたし、一緒に掃除してくれていたひろみさんから五十円借りて、なんとか会計をすませた。

記念すべき一冊めは、双葉文庫の『沖縄裏道ＮＯＷ！』だった。お買上げ、ありがとうございました。


夜、自分の仕事を終えた助っ人たちがやってくる。友人が友人を呼んでくれて、私は初めて会う人もいる。古着屋、電気屋、もとペンキ屋、芸大の卒業生など、手に職のある頼もしい人たちである。

今までイエソーダややぎみるくを売っていた冷蔵庫を取りのけて小さな棚をつくり、壁も棚も濃い茶色に塗りかえる。私はせいぜいペンキを塗るくらいで、あとは「いいね」「すごい」と見ている。

「ここにも本が置けるかな」

と適当に言ってみれば、ありあわせの板がすぐに形になる。毎日、午前二時すぎまでがんばってくれた。

開店後、「かわいいお店だね」と言ってくれる人が多くて、最初のころは自分がそう言われたかのようにどぎまぎして「いえそんな」と謙遜していた。褒められているのは私ではなく、この助っ人たちの技術とセンスだと思いあたってからは、臆面もなく「そうでしょう」と答えている。

看板

ある夜、ミキシズ画伯が降臨した。三木静《ミキシズ》さんは『まんが　琉球こどもずかん』（ボーダーインク）の著者であり、『琉球怪談』シリーズ（同、小原猛著）の挿絵や切絵も手がけ、古本屋「小雨堂」の絵本担当でもある。名刺にフクロウの絵を入れたいという話をしたら、その日のうちに六種類もの絵を描いてくださった。看板にも入れたいと言ったら、自ら店に来てくださった。

「ペンキ油性なのか、描きにくいな」

「看板に一発描きするのは初めてで」

しゃべりながらサラサラと練習して、あっというまに本番に入り、終了した。迷いがない。

「ちょっと弱気な目になっちゃいましたね」

と言われたけれど、不敵よりいいのでは。そのあともいろいろお絵かきして、帰っていかれた。ご自分のお店も移転で大変なときなのに、うれしかった。

そのあと文字を入れる。いつもはにぎやかな子が、「ひとりにしてくれ」と神妙な顔で板に向きあい、測ったり消したりしながら奮闘してくれた。

二日めの深夜、そっと様子を見にいくと、ほとんど仕上がりかけていた。フリーハンドで書いたとは思えない出来ばえである。

みんなで賞賛しながら、はっと気がついた。漢字がまちがっている。

とても言いだせなかった。そのまま掲げた。今のところ、気がついた人はひとりもいない。

# 開店の日

二〇一一年十一月十一日、たくさんの方が来てくださり、遠くの方からはお花や祝電までいただいた。私の人生にもこんなに祝ってもらうことがあるなんて。

十一時（十一分）開店と銘打っていたものの、十時半ごろには準備が整ってお客さまも見えた。最初に本を買ってくださった方は、ＲＢＣｉラジオで放送されている「団塊花盛り！」を聞いていらしたという。毎週木曜日にジュンク堂那覇店の森本店長が出演していて、前日の放送で宣伝してくださったようだ。ありがたい。

「本の話を毎週とっても楽しみにしてるの」

と話しながら、幼なじみが書いたという本を買ってくださった。

今日が開店とは気づかない様子の観光客がさっと文庫本を買っていったり、知っている顔が次々と現れたり、ふと誰もいなくなって時間があいたり、ふわふわとあわただしく時間がすぎた。

園児たちをつれて散歩中の保母さんが店の黒板を見て、

「あら、このお店、今日開店だって！　おめでとうございまーす」

と声をあげた。

「おめでとうございまーす」

と園児たちが唱和し、拍手してくれた。

ありがとうございます。


二十時をすぎるとまわりの店はみんな閉店し、暗くなる。私もこれからは十九時閉店のつもりだけれど、今夜はイベントがあるので開けている。とくふく堂さんや友だちが一緒に待っていてくれる。

二十二時から開店記念ライブ。店の改装を中心になって手伝ってくれたミュージシャン金城小町の弾き語りライブに、大勢の人が集まった。

最初は沖縄本のある部屋で歌いはじめたのだが、人は五人くらいしか入れず外からは何も見えなかったのと、部屋が暑すぎたので、二曲めから店の前に出た。みんなで市場中央通りの路上に座りこんで聴いた。

「本を買ってください」

とＭＣで何度も言ってくれた甲斐があり、みんな合間に本を見ては次々に買ってくれた。なぜ古本屋でライブ？　と思いつつ来た人がほとんどだったはずなのに、本当にありがたかった。

そのあとも場所を変えて、開店の日は延々と続いた。

こうして、終わりの見えない古本屋の毎日が始まった。

開店記念ライブの様子

# Ⅲ 路上に座って店番中

# 机とヒンプン

開店三日前に机と椅子を買った。机は新聞一面分の大きさで、折りたためる。店が狭いので、売っているなかで一番小さいのにした。

店に運んで机と椅子を開き、座ってみた。たいした机でもないし何の期待もしていなかったのに、座ったらぱっと景色が変わった。

「あら！」

すばらしく気分がよかった。目の高さが定まり、適度に棚に囲まれながら、道ゆく人を眺めることができる。目の前に机があると、なぜだか安心する。落ちつく居場所が見つかった気がした。

書店で働いているときは、自分の机なんて持っていなかった。そもそも机に向かうことがほとんどない。棚のあいだを小走りに駆け抜けるばかりで、どこか一か所に留まるのは、さぼるようなものだった。座っていると罪悪感さえ覚えた。

今はいつも座っている。腰が痛い。座りつづけるのがしんどいなんて思いもしなかった。立ち飲み屋の前を通りすぎるときはいつも、

「飲むときくらい座りたいよ！」

と内心毒づいていたが、今となっては立ってみたい気持ちもわかる。

腰に効く体操と、座りやすい椅子を探そうと思う。


開店の日、パキラをもらった。狭い店には立派すぎて、どこに置いたらいいかわからない。ひとまず机の横に置いてみた。道を行く人と私のあいだに葉が茂る。歩道からは私が陰になって見えない。ほどよい距離感ができて、気持ちが楽になった。見た人に声をかけられた。

「ヒンプンだね」

ヒンプン？

先週、個人的にずっと欲しかった『オキナワの家』（伊礼智、インデックス・コミュニケーションズ）が入荷した。

台風、湿気、シロアリといった自然環境や、赤瓦、石灰岩のような素材、火の神やシーサーへの信仰など、さまざまな面から沖縄の住まいの特徴を説いていく。

最大のキーワードはヒンプン（屏風）である。

ヒンプンとはスージ（路地）と屋敷内との間にある衝立のような壁のことで、目隠しと魔よけを兼ねている。石灰岩を積んだもの、植物だけのもの、ブロック積み、トタン板など、材質は何でもいい。

街を屋敷内に引きこむように建てられ、街と屋敷内をゆるやかに仕切り、街（外部）から室内へゆるやかな変化で、だんだんと空間を引きこんでいく機能を果たしているのです。

東京の閉鎖的な街並みを息苦しく感じた著者は、屏風《ヒンプン》ハウスを設計した。背の高さほどの木の塀を建て、その外に樹木を植えて、外部と内部をゆるやかにつなぐ。街も住まいも心地よくなる。

沖縄のように、ちょっとテーゲーな感覚で、街に開いた暮らしかたを取りもどしたほうが楽しいでしょう。もっと、半戸外空間を積極的に活用し、街にとけこんでくれば、家のひろさも案外、小さくてすむものです。（略）外でもあり、内でもある半戸外空間は懐の深い「テーゲー空間」、その「テーゲー空間」を楽しむ心をよび起こすものが屏風の持つ「ちから」なのだと思います。

これはまさに私の店がある市場中央通りのことを言っている。前の通りにせり出すことで実際より広く使えて、気持ちも街に開かれる。

ヒンプンたるパキラを気に入って目隠しにしていたのだが、次の日までに両隣の二軒とお向かいから、

「その木は後ろにやりなさい、あんたの顔が見えないよ」

と注意され、三日めからは後ろに置いている。家ではなくて店なのだから、自分から前に出ていかないといけないんだ。教えてもらえて、よかった。

## 「日本一狭い古本屋」と呼ばれて

店先に座っていると、週に一回くらい、

「あ、ここ『ナニコレ珍百景』に出てた！　日本一狭い古本屋！」

と指をさされる。

ウララの前身であるとくふく堂は、二〇〇八年と〇九年にテレビ朝日系の番組で「日本一狭い古本屋」として取りあげられた。三年もたっていまだに反響があるなんて、テレビの力はおそろしい。

那覇市観光協会が主催する「ガイドと歩く那覇まちまーい」には「那覇の市場　迷宮めぐり」というコースがあり、ウララにも寄ってくださる。

「ここは日本一狭い古本屋です。最初は向かって左の狭いスペース、〇・五坪で始まりました。二年たってから、隣に一・五坪の『支店』を出しました。ほら、どうぞ中へ、ふたり入ったらいっぱいですよ」

ガイドの方の詳しすぎる説明に、毎回感心する。

私は〇・五坪＋一・五坪になってから店を始めたし、ひとりでやっているせいか、少なくとも自分だけで店にいるときには「狭い」とは思わない。むしろ、ちょうどいい。在庫をすべて把握でき、本を探して駆けまわることもなく、全体をぐるりと見わたすことができる。背のびしなくていい、身の丈に合った本屋。

もちろん狭いというのは在庫が少ないということで、他の業種よりも多種多様な商品が必要な本屋にとっては致命的なのだろう。それでも立地に合った定番の本が少しずつ決まってきているし、店にない本でも注文していただければたいていは取り寄せられる。狭いからこそ気軽に入れる、本屋の入口のような本屋にしたい。

といいつつ、やはり狭さゆえの悩みはある。たとえば、レジ、固定電話、秤といった小売業に必須のアイテムが置けない。大学の先生に研究書を売っても、鞄の財布からおつりを渡したのでは格好がつかない。フリーマーケットのようだ。

沖縄研究の必携書である『伊波普猷全集』（平凡社）全十一巻は、いま端本しか在庫がない。もし揃いが手に入ったとしても、置けるのか。さらに『那覇市史』全三十三巻や『大城立裕全集』（勉誠出版）全十三巻が入ったらどうするのか。皮算用的に心配してしまう。

年末には『沖縄美術全集』（沖縄タイムス社）全六巻が入荷した。これがどうしても置けない。

大きさはA3、高さが四十二センチあり、棚の一番上の段に入りはしても今にも落ちてきそうで危ない。床に置いたら蹴られそうだ。悪戦苦闘の末、家に持って帰った。残念でならない。

ともあれ、

「この先どうするの？」

「業務拡張の予定は？」

などと始めたばかりなのにきかれながら、とうぶんは日本一狭い、この店でやっていく。

＊『伊波普猷全集』は二〇一三年初めに全巻揃って、本の上に横に寝かせたりしてねじ込んでいる。狭さがじわじわと効いてきた二年めである。

ウララの店内

# 牧志三―三―一

開店してまもないころ、朝一番に電話がかかってきた。佐川急便の人だった。

「ウララさんへのお荷物をお届けしたいのですが、お店の場所がわからなくて」

「国際通りから公設市場のある市場本通りに入って、市場を通りすぎて琉銀の手前、左側です」

もちろん荷物に住所は書いてあるのだが、こういう電話がときどきかかってくる。「沖縄県那覇市牧志三―三―一」では店が特定できないのである。

那覇の中心を流れるガーブ川は、農連市場からジュンク堂書店の手前まで暗渠になっていて、ウララは川の上の水上店舗にある。水上店舗は長屋のように長く、何十軒もの店が入っている。大家さんは細かく分かれていて、店の仕切りの壁の位置が変わることもある。

国際通りから公設市場の手前までが「水上店舗第一街区」で、「市場本通り」に面している。公設市場の向かいから浮島通りまでが「水上店舗第二街区」で、ここは「市場中央通り」。ウララは市場中央通りにある。

この「水上店舗第二街区」にある店は、みんな「牧志三―三―一」である。隣の浦崎漬物店さんも、新刊書店の文栄堂さんも、「ナハビ」こと那覇高等美容学校も一緒だ。このあたりは同じ市場中央通りに面しているのでまあ納得できる。

市場中央通りの裏手のパラソル通りに、メキシコ雑貨の「トペ」というお店があり、ウララの開店前に挨拶に行った。ショップカードをもらったら、ここも住所が「三―三―一」だったので驚いた。確かに表と裏で違う通りに面しているだけで、同じ建物のなかにあるのだ。変な感じ。Googleマップで「沖縄県那覇市牧志三丁目三―一のお店やサービス」というのを見ると、実に二十八軒も出てくる。実際はもっともっとある。ウララも出てこないし（自分で登録できるらしいけれど、していない）。

古物商の免許をとるために建物の登記の証明を申請したときも、「その地番に対応する住居表示はありません」と言われて仰天した。

「どうしたらいいんですか!?」

「あそこは特殊な場所ですから」

結局、証明なしで許可してもらった。

宅急便も「牧志公設市場前」とか「市場中央通り」というような表記のほうがスムーズに届いたりして、確かに特殊な場所なのだと思う。宅配業者の方々への認知度を地道に高めたい。

# 地縁

開店してすぐに、朝日新聞の「ひと」欄で取りあげていただいた。取材してくださった篠崎弘さんは、二〇〇八年に朝日新聞夕刊の「ニッポン人脈記」で「わが町で本を出す」を連載された方である（『千年の源氏物語』朝日文庫所収）。この連載を読んで、東京にいた私はますます郷土本に惹きつけられた。今回は北海道の海豹舎さんが取りもってくださり、記事になった。

沖縄で朝日新聞をとっている人は少ないので、反響はほとんど県外からだった。記事を見た方が、ちらほらと店に来てくださる。週末にはＮＡＨＡマラソンで来沖した人たちから声をかけられた。

郵便も二通届いた。

ひとりは、和歌山の方。有田みかんの有田郡から、八十六歳の男性が激励の葉書を送ってくださった。

もうひとりは、岡山の方。古書好きで古書店めぐりの本を出されている方が、署名入りの本を送ってくださった。

沖縄に住むようになって、「出身は？」と何度きかれたかわからない。「神奈川です」とか「横浜です」とか答えながら、求められている返事ではないように思った。たまたま父の就職先が川崎で、そこから横浜に引越しただけで、血の縁はまったくない。面倒になって「東京です」と答えたりもした（沖縄に来るまでひとり暮らししていた）。

特に名字に詳しそうな人はこの答えにぴんと来ない様子なので、

「父は和歌山です」

とつけ加えると、なんとなく納得される。

名字だけでウチナーンチュであることが証明される沖縄にいると、自分のルーツのなさが心もとなくなる。私の父は和歌山、母は岡山の出身である。これも私にとっては夏休みに行く場所というだけで、祖父母のほかには知り合いもいない。

今回、郵便をくださったのが和歌山と岡山の人だったということに、今まで感じたことのない縁を感じた。朝日新聞が購読されている四十七都道府県のなかで、この二県の人だけが手紙を書いてくれたのである。なんとなく、ふるさとから応援してもらったようで心強くなった。

ちなみに、おふたりとも宛先は「沖縄県那覇市牧志公設市場前　市場の古本屋ウララ」と書かれていた。番地なしでも届くことに、また驚く。

# 金々節

ときどきお客さまがものをくださることがある。だいたいは食べ物で、サーターアンダギーやタンナファクルー、たんかんやムーチー、ときには花の種や鉢植えのスミレも。

先週、「あんたのことはジュンク堂にいたときから知ってるよ」とおっしゃる方がいらして、「独立のお祝いに」と言って一枚の紙をくださった。

「金々節」　唖蝉坊作

金だ金々　金々金だ
金だ金々　此世は金だ
金だ金だよ　誰が何と言をと
金だ金だよ　黄金萬能

身もふたもない歌詞が二十一番まで続く。四番の「酒も金なら女も金だ　神も佛も坊主も金だ」のところに、赤線が引かれている。

「がんばれよ」

時間があくとなんとなく読みかえしてしまう。頭のなかで札束が本の束に見えたり、本の束が札束に見えたりする。

と、ある日のブログに書いた。「本の束が札束に」のくだりにクレームが来るかと少しだけ心配したけれど、来なかった。どんなに花の好きな花屋でも、花束が札束に見える瞬間はあるのではないだろうか。商売をしていたら。

私の本と相手のお金を交換して、帰りにそのお金で野菜を買ったら、本が野菜になったんだと思う。お店やさんごっこのように毎日をすごしている。

家に帰ると、その日の売上と現金が合っているか確かめる。それから両替袋を出して、明日のおつりをつくる。

おつりの金種は少しずつ変化している。最初はとくふく堂に教わったとおりにしていた。「み～きゅるきゅる」第七号（特集「第一牧志公設市場」）が発売されてからしばらくは十円玉が足りなくなり（定価三百六十円）、十円玉を増やし、そのぶん五十円玉を減らした。『もの食う本』（ちくま文庫）の原画展のあいだは、五円玉と一円玉も少しずつ用意した（定価七百七十七円）。

おつりをつくりながら気になるのは、お金の状態である。特にお札は小銭入れに八つ折にされていたのや水に濡れたのや落書きされているのなどいろいろ受けとるので、とてもお客さまにはお返しできないものがある。

では、いつ使うのか。私がお客として買い物に行ってこれを出したら、またもめぐっていく。誰がどこで止めるのか。

銀行の両替機に入れてみる。何度か拒まれたのを無理やり伸ばして読みこんでもらい、五百円玉に替える。何事もなかったかのようだ。傷んだお札はきっとこのまま回収されて、再び市場に出ていくことはないのだろう。

古本は状態によって価値が変わるのに、お札は変わらないうえきれいなものに交換するのも簡単で、いいなあと思う。

# 市場中央通り

私の本屋のまわりには漬物屋さんや鰹節屋さんがある。みんな路上で店番しているので、どんなお客さんが来ているかお互いに見える。お土産を探す観光客、鰹節が削られるのを待つあいだいつも椅子を出してもらう人、買わなくても毎日声をかけて通っていく人など。

八百屋や豆腐屋なら毎日買いにくるお客さんがいるだろう。このあたりで売っているのはほとんどが保存食だから、毎日は買わない。買って少しずつ食べて、なくなったらまた買う。同じ通りにある傘屋さんや履物屋さんなら、飽きたり壊したりなくしたりしなければ買わないから、来店頻度は食べ物屋よりずっと低くなる。

本屋はどうか。毎日のように通うという人もいる。ほとんどの人は立ち読みのためだろうけれど、なかには毎日買う人もいるだろう。新刊書店なら平日はいつでも新しい本や雑誌が入っている。古本屋でも、大きい店や本の回転のいい店は新しく入荷した本をどんどん出したり、百円均一の棚を補充したりできる。かたや私の店は狭く、何かを入れるには何かを抜かなければならない。売りたくて持ってきた本をまた持って帰るのが悲しくて、なかなか大胆に入れ替えられない。十冊売れたら十冊持ってくるというふうに、細々と回している。

本はふつう同じものは二度買わないから、何度も来てくれる人は前と違う本を探している。常連の方が見えて、ひととおり棚を眺めて何も買わずに出ていかれると、申し訳ない気持ちでいっぱいになる。次こそはお気に召す本を探しておくのでまた来てください、と背中に呼びかける。

それにしても、違うものを売っている人がお客さんに応対する様子は見ていて面白い。通りすぎようとする人に声をかけて試食させたり、食品の産地や効用を説明したり。本屋は商品について語りかけることが少ないのだなと思う。最初のころは自分のすすめたい本を手にとった人に話しかけたりしてみたけれど、最近は黙っている。無理に買わせるのはお客さんにも本にも悪い。

「本は他のものとは違うからね。お客さんが中に入ったら声はかけないで好きなように見てもらうのがいいよ」

と漬物屋さんにも言われた。

だいたい四角くて、火にも水にも弱く、賞味期限はなくても経年劣化し、内容は全部違って、ある人にとってはゴミでも別の人には宝物かもしれない、本というもの。妙なものを売っているなと、まわりを見てあらためて思う。誰が食べても「おいしい！」と声をあげるアンダンスー（油みそ）が、ときどきうらやましくなる。

スクガラス、古本、婦人服が並ぶ市場中央通り

# 数字

「この本はいくらですか」

としょっちゅうきかれる。

「最後のページに書いてあります」

と開いてみせても、書かれた数字に気づかない人も多い。

裏表紙をめくると、最後のページの右上に鉛筆で値段が書いてある。古本屋とはそういうものだと昔から信じていたけれど、今や「新古書店」のように裏表紙にシールが貼ってあるほうがふつうなのだろう。逆に「古書店」と呼ばれるような店ならば、スリップや値札に書名も状態も店名も書いてある。そっけない鉛筆書きは、どんどん減っているのかもしれない。

古本屋を始めてから鉛筆を使うことが増えた。値段をつけているときにお客さまが来て本が売れると、そのまま鉛筆でノートに書名と値段をメモする。先がまるまって漢字はうまく書けない。数字はちょうどいい。

　このまえ本を売ってくださったお客さまは、西荻窪から沖縄に越してきたばかり。買取したあと、値段をつけようと最後のページを開いたら、見覚えのある字体ですでに値段が書かれていた。私もこの字が書かれた本をたくさん持っている。どこのお店だったか。家の本を確かめたら、思いだせるだろうか。

　吉祥寺の書店で働く子が、だいぶ前に自分の蔵書を送ってくれたことがあった。新刊書店の人の蔵書は新刊で買ったものが多いのに、この子のは古本もいろいろ入っている。これを見つけて買ってしかも手放すのか、と思うような本が何冊もあり、負けた気になる。

　なかに、鉛筆で書かれた値段が驚くほど下手な本があった。定規でもあてたようにぎくしゃくして、誘拐犯の字のようだ。この本はどこで買ったのだろう。

　一度買われてその先も回りつづけることを考えると、もっと丁寧に、後世に恥ずかしくないように書かなければいけない。

# ひも

春の日、十五時にお客さまの家へ本を引取りに行く。公園の手前にある家で、庭にも緑がいっぱい。前からたまに通りがかってはうらやましく眺めていた。

玄関を入ったとたんに、奥さんに抱かれたプードルに吠えられる。

「本屋のお姉ちゃんよ、よく見なさい」

なだめられてもかまわずキャンキャン騒がれて、逃げるように階段を上る。だんなさんが引率してくださる。じゅうたん敷きの、半円を描く階段。靴下でじゅうたんを踏む感触が久しぶりだ。二階のある家に入ったのも久しぶりだ。

廊下に並ぶ本棚は素通りして洋室に入る。プラスチックの衣装ケースを開けると、本がめいっぱい詰めこまれている。

「まずはこの二ケースを見てください」

要らないものは持っていかなくていいというありがたいお申し出なので、欲しい本だけを積みあげる。

次はベランダ。こちらも衣装ケースに本が入っている。本をベランダに置いてもいいのか。なかの本は案外きれいだった。

さらに部屋を挟んだ反対側のベランダへ。家にベランダがふたつあるのは、一軒家だったらふつうなのだろうか。

ケースを開けたら水と泥がたまり、紙は茶色く波うち、何かの死骸や糞が積もっていた。声も出ない。

「あーだめだこれは、でもこのまま捨てればいいからよかった」

だんなさんはあっけらかんとしている。もう一ケースは無事だった。仕分ける。

寝室のクローゼットからも一ケース出てきて、仕分ける。

「今日はこれだけ。あとはまた整理して呼ぶよ。こっちは取っておく本だけど、見る？」

書斎に入ると、壁一面、天井まで本棚がある。岩波、中公、講談社現代新書や、経済や貿易の本が整然と並んでいる。さらに小さい棚があちこちに設置され、沖縄本や文庫本が集められている。廊下の突きあたりにはガラス棚に世界文学全集。家じゅうが本だった。

持っていく本をひもで縛る。本を運ぶときはいつも段ボール箱を使っていたのだが、ひもなら場所もとらないし足りなくなることもないし、と今回初めて挑戦してみた。途中で外れたり長さが足りなくなったりしながら、のろのろと縛る。縛った横から奥さんが運んでくださる。

「いいですよ、置いておいてください」

「大丈夫、主人が病気をしてからこういうのは私の仕事なの」

恐縮しながら一生懸命に縛る。

「慣れてるわね」

と言われて、ますます恐縮する。まだまだ古本屋初心者、お恥ずかしい限りです。

奥さんはプードルと散歩に出かけた。本を車に積みこんでいると、だんなさんに
「その樽、よけられるよね」

ときかれる。隣の店の前に大きな樽が出ていた。

「ええと、出るときはここで方向転換するんですか」

「いや、そこの角までバックで」

バックの距離、約十五メートル。

「運転初心者なんです」

と今度こそ告げて、樽をどかしてもらい、無事に車で出た。

ひも。手に食いこむのがつらくて、その後はあまり使っていない。

# くもこ

沖縄県立図書館の休館日が火曜日だと知ったときは気落ちした。自分の店の定休日と同じだった。仕事の前に行っても一時間半はいられるものの、必要な本を手早く探してコピーするだけになってしまう。ダラダラと棚を眺めるのが楽しいのに。目についた本を手にとり、窓から空と緑が見える椅子に座って、適当に読んで借りずに帰る、ぜいたくな休みをすごしたい。那覇市立図書館の休館日は県立と違うのではと気がついたのはつい最近で、調べたら火曜日はみんな開いていた。

図書館では新刊も稀少本もへだてなく並んでいる。見てみたいと憧れていた本が当たり前のようにあって拍子抜けしてしまう。特に沖縄本はどの館もそれぞれにすごい。知らない本の多さに、もはやうっとりする。こんな品揃えをしてみたいものだ。

先月、お客さまからの買取で入ってきた「新沖縄文学」第三十一号「特集・伊波普猷の世界」（沖縄タイムス社）をめくっていたら、仲宗根政善の随想「おもろ語の「くもこ」について」が目にとまった。くもこ。なんと可愛らしい響きだろう。

くもこは〈雲子〉で、美しいもの、貴重なものといった意味があり、〈くもこ色〉〈くもこ橋〉などの用例が見られるという。雲ということばに暗いイメージを持っていた著者も、〈くもこ〉を通じて〈おもろ詩人たちの雲に対する美感、畏敬の念〉を知るようになった。

沖縄の空と海の青さをたたえる者は多い。しかしあの雲の美しさは、もう上代人ほど感じなくなったのではないのか。

と、〈くもこ〉が使われなくなったのを惜しんでいる。

読みながらある絵本を思いだした。十年くらい前に吉祥寺の小さな絵本屋で見て、欲しいと思いながら買っていなかった。確か、くもこが出てきた。読みたい、今こそ買うときだと思って調べると絶版になっている。嘆いても遅い。古書価格は高騰していて、新米古本屋にはなすすべがない。唯一の救いは市立図書館で所蔵していることだ。

火曜日の午後、子どもにまじって靴をぬぎ、絵本コーナーを探す。『くもの日記ちょう』（長新太・作、ビリケン出版）。くもによる〈くもをつかむような日記〉。

○月○日（はれ）　はるになると、ねむくなる。そらにういて、ひるねをしていると、くもでよかった、とおもう。サカナのこえなんか、きいていると、ずっとまえなかよしだった「くもこちゃん」のことをおもいだす。くもこちゃんというのは、くものおんなのこで、とてもきがあってね、せかいじゅう、りょこうをしたのだ。たのしかったなあ…くもこちゃんは、きえたままです。

やっぱりいた。おもろさうしと市立図書館のおかげで、くもこちゃんにまた会うことができた。返すのが手間かと少し迷い、やっぱり借りて何度も読んでいる。消えたくもこもくもこちゃんも、本のなかにいる。

# 立体

自転車に乗らない日は与儀公園を歩いて店に向かう。川が流れ道があちこちに曲がり、木と花がはえ、売店があり山之口貘の詩碑があり、焼芋を売る人も三線を弾く人も碁をうつ人もいる。三百六十度ぐるりと見渡せて、景色が移り変わっていくのが気持ちいい。店では一日じっと同じところに座っているから、目もからだも固まってしまう。

桜の枝や図書館が重なりあうのが、ふと立体写真のように見えた。奥行きのある風景をあまり見ていないせいか、遠近感に現実味がない。

高校生のころ、ステレオ写真を肉眼で立体視するのにはまっていた。『ステレオ日記 二つ目の哲学』（赤瀬川原平、大和書房）を何度も見て特訓した。不器用で運動音痴だから、新しい技を身につけることが苦手である。ステレオ写真の立体視は数少ない特技のひとつといえる。

公園を通り抜けて店に行き、開けて店番する。夕方、店にある「Title」二〇〇一年二月号を何の気なしに開いたら、見沢知廉が出ていた。花輪和一と並んで「獄中読書体験記」を書いている。

〈色彩や遠近感の全く感じられない、灰色のコンクリに囲まれた三畳の独房にいたので、３Ｄ写真が流行した時は、ハマった。ＴＶのない世界では、唯一の立体画像だった〉と紹介しているのが『マジック・アイⅡ』（３Ｄアート研究会編、ワニブックス）。

〈オマケの３Ｄメガネで見ると簡単だが、獄中にはオマケは不許可なので、独力のみで練習した〉。

なるほど。

私もほぼ三畳の空間にいる。ＴＶもない。見沢知廉に共感できるとは思わなかった。

『萩原朔太郎写真作品　のすたるぢや』（新潮社）には、萩原朔太郎の撮った立体写真が載っている。前橋の公園や大森駅など、なんでもない風景が写っている。

本人いわく、

> 僕はその器械の工学的な作用をかりて、自然の風物の中に反映されてる、自分の心の郷愁が写したいのだ。（中略）そしてかかる僕の郷愁を写すためには、ステレオの立体写真にまさるものがないのである。なぜならステレオ写真そのものが、本来パノラマの小模型で、あの特殊なパノラマ的情愁――パノラマといふものは、不思議に郷愁的の侘しい感じがす

るものである——を本質してゐるからである。（「僕の写真機」）

孫の萩原朔美は、

それにしても、紙焼きもガラス乾板も立体写真も、みんななんという寂しい風景ばかりを定着させているのだろうか。寂しい風景ばかりを選んだというよりも、そのような風景に撮らされている一人の男が浮かんでくるのである。（「四角い遊具の寂しさ」）

と書いている。

技術のある人にしか見られず、大きさも限られ、正面からしか見えないので何人もが同時に見ることもできない。立体写真は小さくて孤独な写真である。ひとりで万華鏡を回しているようだ。なのに、どうしても魅せられてしまう人がいる。

休みの日はできるだけ見晴らしのいい場所に出て、心身を健やかにしたい。

# 沖縄の元気な古本屋

二〇一二年七月五日、NHK沖縄の「NEWSおきなわ610」で「なぜ元気？　沖縄の街の古本屋さん」という特集が放送された。担当してくれたディレクターの方は、この春NHKに入社して沖縄に来たばかり。本が好きで古本屋をまわっていたら、行く先々で店主たちから「今、沖縄の古本屋は元気だから番組にするといいよ」とすすめられて、本当につくってしまった。

「元気」というのは、沖縄の古書組合の武石和実組合長が最近よく口にしている。

「全国で組合員が増えているのは沖縄だけ。女性の数も多い。沖縄の古本屋が日本で一番元気だ」

そうかなあ、と組合員同士で顔を見あわせながらも、「元気」という単語は刷りこまれた。

この五年で全沖縄古書籍商組合の加盟店数は十店から十六店に増えた。番組で考えてくれた「元気な理由」は、「『県産本』を中心にした店づくり」、「専門店化で顧客を獲得」、「店同士のつながり」、「インターネットで全国に沖縄の本をアピール」の四つ。

「『県産本』を中心にした店づくり」は、沖縄の古本屋を支える一番大きな柱であると思う。沖縄に住む人はもちろん、観光客は「沖縄の本ってこんなにあるのか」と興味をもち、研究者もここにしかない本を見つける。絶版になった本や発行部数の少ない本はプレミアがつくこともある。

沖縄の古本屋が共通して扱う商品があるからこそ、「店同士のつながり」ができる。番組でも紹介されていたように、業者同士の市で取引されるのは県産本が多い。自店でさばけない商品を他店に売れば、眠っていた本も生きかえる。

「インターネットで全国に沖縄の本をアピール」できるのも県産本のおかげである。県内だけで流通していた本は、県外のマニアに重宝される。

さらに、県産本だけではみんな同じ品揃えになるところを「専門店化で顧客を獲得」している。美術、文学、絵本、囲碁などそれぞれに得意分野があるから、お客さまの探している本が自分の店になくても、

「あの店にはあるかもしれません」

と案内しあえる。

と、古書組合に十六番目に入った新人なりに納得して番組を見たのだが、沖縄の古本屋が元

気なのは、結局「店主が元気」ということに尽きると思う。

「売れないね、厳しいね」

と言いながらも本を何箱も仕入れて運び、掘り出しものに喜び、新人が入れば入札や買取のしかたをじっくり教える。古本屋の店主というと、黙って座り目だけ光らせ、ときにあこぎな商売もするような印象を勝手に持っていたけれど、全然違った。

若手の店主たちはイベントで出張販売をしたり、店で展示会をしたり、自分で本を書いたり、新聞に漫画を連載したり、これまた元気である。お客さんをただ待っているだけではない。

組合でつくる沖縄の古書店マップもこの夏に完成すると番組で告知していた。

二〇一三年春現在、まだできていない。

# ウララをうたう

「ウララ」という名前を思いついたとき、まず念頭にあったのは自分の名前と山本リンダだった。ほどなくして「あっ、たま」と気がついた。

バンド「たま」の二枚めのアルバム「ひるね」に、「ウララ」という曲が入っている。「たまのランニング」ことパーカッションの石川浩司さんがつくった歌だ。タタタタタタタ……と追い立てられるようなリズムにいやな夢のような歌詞が乗り、ときどき奇声が入る。サビはテンポを落とし、四人で「ウーラーラー、ウララーーー」とコーラスする。

たまはもう解散してしまった。いつか石川さんにウララで「ウララ」を歌ってもらえたらいいな。

ぼんやり思っていただけだったのに、ある日にわかに現実になる可能性が出てきた。桜坂にできたばかりのバー「ドラミンゴ」で、石川さんが一週間ぶっ続けでライブをするという。ウララまで歩いて五分。こちらにも来てもらえないだろうか。

ドラミンゴに行ってオーナーに話すと、「いいね、一緒に何かやろう」と快く言ってくれた。

石川さんにメールを出した。

「一日店主として、お手持ちの本をウララで売りませんか」

すぐに返事が来た。

「本は押入れのなかに段ボール何十箱もあって選び出すのが難しく、送料のほうが高くつきそうです。それに僕が店先に座っていても知らないお客さんは困惑するだけでしょう」

もっともだ。でも、あきらめきれない。「ではライブをしませんか。本当は、本のイベントがやりたいのですが」ともう一押しした。

「そういえば七月に自費出版で本を出します。よろしければこれでサイン会をしましょう」

これだ!!

書名は『ウヒョヒョヒョお悩み相談室』。石川さんが自分のホームページで続けてきた人生相談をまとめている。表紙に描かれた石川さんが神々しい。

石川さんはこれまでにもインスタントラーメンやすごろく旅行の本を出している。たま解散直後の二〇〇四年には『「たま」という船に乗っていた』（ぴあ）を出版されて、ジュンク堂書店池袋本店でトークセッションをしてくださった。私が在職中に自分から企画した唯一のイベントだった。本屋として働く原動力の何パーセントかは、石川さんからもらっている。

二〇一二年八月五日、サイン会当日は台風十一号が直撃した。雨に吹かれながら店に行くと両隣とも来ていない。いつもならがっかりするのだが、この日だけは喜んだ。狭い店のどこに石川さんが座りどうやってお客さまが並ぶのか考えないようにしていたけれど、これで解決。お隣の前に棚を寄せて、充分なスペースができた。

十八時を少しすぎて石川さんが無事に到着し、お客さまも続々と現れた。今日はサイン会にお悩み相談と写真撮影のおまけつき。石川さんは悩みをまじめに聞きながら、息がふっと抜けるような答えを返していく。お宝の古いレコードにサインをしてもらう人や撮影用の小物を持ってくる人もいた。気合を入れてイベントに来てくれたことがうれしく、しかし同じファンとしては出し抜かれたようでくやしい。

サインをしてもらった人もお客さま同士で話しながら待っていてくれて、二十時に路上ライブが始まった。石川さんがギターを抱えて店の前に立ち、観客は通りに広がる。台風のためにまわりの店はいつもより早く閉めていた。一曲めは「ウララ」。

「もともと僕の歌なのに、『たま』でどんどんアレンジされて僕には弾けないコードになっちゃいました。今日は別バージョンで歌います」

そう言って始まったのは、聞き慣れた「ウララ」より起伏が少なくてゆっくりとした、童謡のような歌だった。サビのコーラスはもちろんない。

「ウラランラー、ウラランラー、ウラランラー・アー・ア・ア・アー」

お花畑をひとりぼっちでスキップしているような気分になった。ウララって、こんな歌だったんだ。

市場に来た観光客が「あれ、石川浩司だ！」と声をあげて立ちどまる。通りを車が走り抜けて中断する。三曲歌って、終わった。

「この続きはドラミンゴで！」

深夜にドラミンゴを出るころには暴風雨になっていて、通りを抜けてアーケードを出たら歩けなくなった。

次の週末に宜野湾の「ＣＤ屋」さんで締めのライブをして、「石川浩司ウィーク」は終わった。

那覇空港で石川さんを見送りながら、この先は何を頼みにして生きていったらいいのだろうと思った。

# フクロウ

就職して二年目の秋、行き先は忘れた社員旅行のバスのなかでビンゴ大会があり、一位になった。

「好きな賞品を選んでいいよ」

中身の見えない包みをひとつずつ触ってみる。

「あ、これにします」

なにか柔らかいものに当たった。ひとり暮らしを始めたばかりで、殺風景な部屋にうるおいが欲しかった。

出てきたのはフクロウのぬいぐるみ。フクロウのくせに体はなぜか黄緑色で、まんまるに毛羽だち、オレンジ色の大きな目がこちらを向いている。こわい。連れて帰ったものの、部屋の隅に放っておいた。

翌年の秋、友人ふたりと日帰りで秩父の温泉に行った。ぶどう狩りをしたり馬を見たりして、珍しくいきいきとした休日をすごした。

帰りの電車で、将来の夢の話になった。理系のふたりは就職したばかりでみんな結婚もしていなくて、まだまだ自分たちがどうなっていくのかわからなかった。

「じゃあ、宇田ちゃんの夢は？」

「うーん」

毎日を暮らすだけで精いっぱいで、広がりのある未来は思い描けない。明日も休みならいいな、くらいしか。

「うーん。フクロウを飼うこと」

「フクロウ?!」

ふたりが驚き、自分も驚いた。なにそれ、フクロウって。飼えるの？

「こう、肩にのせて旅に出たりしたら楽しいと思うんだよね」

適当に口にしてみたら本当に楽しそうな気がした。

「かわいいよね。でも、餌がマウスだから大変だよ。冷凍庫に入れておいて、食べさせるときは解凍して一口サイズに切ってやるの」

ひとりは獣医なのですぐに具体的な話をしてくれた。マウスか。

「フクロウが好きだったんだね」

「そうみたい」

いつも押入れにもたれてじっとしている黄緑色のぬいぐるみに、知らないうちに愛着がわいていた。

その日からフクロウに熱をあげはじめ、本を調べたり動物園に出かけたり新幹線で花鳥園に行ったりした。好きだと言いまくっていたらいろいろなグッズをもらうようにもなった。

ウララのロゴマークのフクロウは同じくフクロウ好きな三木静さんが描いてくれた。店内にはこれまでにもらったフクロウの置物や文鎮を飾っている。

「どうしてフクロウなんですか?」ときかれると、「知恵の神なんです」とか「顔がかっこいいので」とか答えているものの、本当のところはわからない。

「どうしてウララという名前なんですか」

「どうして古本屋を始めたんですか」

「どうして沖縄に来たんですか」

どれも、わからない。

# 大市

二〇一三年二月、神保町の東京古書会館での中央市会大市に参加した。古書店が加盟する古書組合が全国にあり、県ごとに業者同士の市を開催していて、お互いに行き来もできる。東京の市は本の質も量も沖縄とはスケールが違うから一度は見ておくべきだと、古本屋の先輩がたからつねづね聞かされていた。今年は沖縄から連れ立って参加することになったので、ついていった。

私にとっては初めての東京の市である。沖縄ではいつも同じメンバーでわいわいとやっているのに、突然の大市。他の業者を蹴落として本を落札することなんてできるのだろうか。そもそも私に買えるような本が出品されているのか。不安を胸に、コートやマフラーをスーツケースに詰めて、出発した。

古書会館の地下から四階まで、階段の脇や踊り場にも本が並べられている。一冊だけで出品されている本もあれば、何百冊もまとめて縛られた束もある。

自然科学や人文科学の専門書、学術系文庫の山、全集、美術書、自己啓発本、漫画、和本や史料。ひととおり見てまわって、おかしな言いかただけれど新刊書店のようだと思った。どんなジャンルもあり、フェアのように関連書がひとくくりにされている。すべての本がいずれは古本になり、ここから必要とされる店に収まっていくということを目のあたりにしたようだった。紀行や各地のガイドをまとめて落札すれば、私の狭い店は一気に旅行書専門店になる。そういう可能性をもった場所なのだ。沖縄の市ではほとんど沖縄の本しか出ないから、わからなかった。

本が多すぎてどれが欲しいのかさえ判断できないけれど、せっかく来たのだから入札してみたい。札に自分の店の名前と金額をいくつか書き、本に付いている封筒に入れておくと、一番高い金額を書いた人が落札できる。しくみは理解しても、いくらで落とせるかは見当もつかない。

まわりを見ると、束になった本を一冊ずつ触りながら頭のなかで足し算をしているらしき人や、離れたところから本をじっと狙いさだめて数字を書いている人、何枚も札を書いては床に捨てている人など、スタイルはさまざまである。私も私なりにやるしかない。

開札はほぼ一日がかり。立ち会わなくてもあとからネットで確認できるのだが、一時間ほど見学した。大勢のスタッフがいっせいに封筒を開け、書名と落札金額、落札業者の名前を次々に放送していく。よく聞きとれないなかにも、落札者として「沖縄　榕樹書林」「沖縄　コザ　すばる書房」など知った名前が読みあげられて、うらやましく思う。

入札したはずの本が出てきても私の名前は呼ばれない。やっぱり厳しいなと見切りをつけて出口に向かい、ロッカーから荷物を出していると、聞こえた。

「真境名安興全集　…円　沖縄　市場の古本屋ウララ」

先輩がたから助言をもらいながら入札した本だ。結局いつもの沖縄本だけれど、うれしい。帰ってからお客さまに「東京の市に行ってきました」と言うと、「何か目新しいもの入ったの？」と問われて答えにつまった。来年こそは、もう少しなんとか。

# ユッカヌヒー

旧暦五月四日は「ユッカヌヒー」＝「四日の日」。那覇の東町や首里におもちゃの市が立ち、子どもは年に一度だけおもちゃを買ってもらえる日だった。ウッチリクブサー（起き上がりこぼし）やマーイ（手まり）などの琉球玩具には魔よけや縁起物といった意味あいがあり、親の願いがこめられていた。また、この日は各地で「ハーリー（爬龍船競漕）」が行われ、港のまわりにもおもちゃの市が立ったという。

沖縄では盆や正月のほかにも旧暦の行事が引っきりなしにある。関わりようのない私は昔話のようにただ伝え聞いていたのだが、このユッカヌヒーには思いがけず首をつっこむことになった。「み～きゅるきゅる」第八号がユッカヌヒーの玩具市の特集で、製作メンバーに入れてもらったのだ。

「み～きゅるきゅる」はＮＰＯ法人「まちなか研究所わくわく」が中心になってつくっている、那覇の地域情報誌である。二〇〇四年の第一号「桜坂」を皮切りに、「久茂地」「前島」「むつみ橋」

「開南」「牧志公設市場　衣料部・雑貨部」「第一牧志公設市場」を特集してきた。「第一牧志公設市場」以外は、観光ガイドに取りあげられることも地元の人が注目することも特にない、いたってふつうの場所ばかり。地名の由来を解き明かしたりそこに住む人や働く人に話を聞いたりして、地味ながら手のかかった、内容の濃い冊子である。最初に見つけたとき、これぞ地元出版という感じがして興奮した。

ウララにも開店のときから置かせてもらっている。ある日、店の前を通りかかったスタッフの人に「次の号、一緒につくってみませんか？」と声をかけられて、加わることになった。

これまでは場所を特集していたのに今回は行事。しかもほとんど消えてしまった風習である。今やおもちゃはどこでも売っているから、わざわざ市が立つこともない。年に一度と言わずいつでも買える。張り子をはじめとする琉球玩具も、おもちゃというより民芸品になっている。玩具市についてのまとまった文献はなく、各市町村史にときどき出てくるだけだ。どこでどんなふうにいつごろまで行われていたのか、何もわからない。

こんなときは聞き取りだ。困ったときは隣の漬物屋さんだ。奥さんに尋ねてみた。

「ユッカヌヒー？　私は大里だから、海辺の行事はやらなかったよ」

いきなり肩すかし。大里村は南部の、海に面していない村だった。今は合併して南城市になっている。横にいただんなさんが口を挟んだ。

「僕が山形屋にいたときは」

「えっ、山形屋にいたんですか!?」

「そうさ」

いつも道ゆく観光客をからかってはゲラゲラ笑っているだんなさんがデパートで働いている姿は、まったく想像できない。沖縄山形屋は戦前から那覇にあった老舗の百貨店で、一九九九年に惜しまれつつ国際通りの店舗を閉じたという。

「ユッカヌヒーの何日か前になると、七階のおもちゃ売場を広げてたくさん売ったよ」

「いつごろの話ですか？」

「さあ、もう何十年前かねえ」

ほかの店の人や出版社の人もつかまえてきいてみる。

「戦前の話だよ」

「何もしたことはない」

求める体験談は得られないものの、これはこれで面白い。ごく限られた地域で、限られた時期に行われていたということだ。「なかった」話は、本にはなかなか出てこない。

「今年のユッカヌヒーは糸満ハーレーを取材しにいこう」

という誘いにも、店を休んで乗ってみることにした。那覇ハーリーは新暦の五月四日に合わせて毎年ＧＷに開催されるのだが、糸満ハーレーは伝統を守って旧暦五月四日に行われている（「ハーレー」というのも糸満での昔からの呼びかたである）。二〇一二年のユッカヌヒーは六月二十三日で、慰霊の日に重なった。糸満の人たちは大忙しだったらしい。

当日は朝からよく晴れた。「ハーレーの鐘が鳴ると梅雨が明ける」という言い伝えのとおり、この日に梅雨明けした。

糸満漁港を見おろす山巓毛《サンティンモー》に上る。祭祀を司るノロたちによる御願《うぐわん》があり、港に向かって合図の旗が振られると、西村・中村・新島の三村が競う御願バーレーが始まる。漕ぎ手の腕がアニメのように揃って動いている。

漁港に行くと、みんなビールや唐揚げを片手に座りこんで観戦していた。子どもたちは出店でお面や風船を買ってもらっている。ユッカヌヒーだからおもちゃを買ってもらったというのでは、たぶんない。ふつうのお祭りと変わらない感じだ。私たちもコーラやポテトを買って次の職域ハーレーをのんきに見物していたら、

「白銀堂で歌の奉納が始まるよ」

と教えられて、あわてて歩きだした。

御願バーレーの漕ぎ手たちは勝った順に白銀堂に出向き、境内でハーレー歌を奉納する。そ

のあとオバァたちがカチャーシーを踊る。

ハーレーはまだまだ続くのだが、ここまで見届けて沖縄市に向かった。銀天街のアーケード通りで「第一回ユッカヌヒー玩具市」が開かれ、アーティストのつくったおもちゃの販売やワークショップが行われている。伝統的な玩具市が廃れてからおそらく四十年くらい経つのに、ここ数年で「ユッカヌヒー」と名づけられたイベントがいくつか出てきている。現代のユッカヌヒーを取材することになっていた。

糸満から沖縄市まで同乗者にナビをしてもらい、運転する。南城市大里のあたりで問われた。

「なんかこの車おかしくありませんか」

「おかしいですよね」

数日前から変だった。アクセルを踏んでもエンジンがかかりにくく、音が異常にうるさい。走るにつれてひどくなり、沖縄市の手前の上り坂では二十キロも出なくなった。

なだめつつ、なんとか無事に着いた。銀天街の通りの真ん中にござが広げられ、手づくりのおもちゃや雑貨が並べられている。端のほうに座布団を出して、子どもも大人もみんな座ってわらべうたを習っていた。「今日はユッカヌヒー」のリフレインが頭に沁みつく。

終わったあと、歌を教えていた方にお話をうかがった。琉球玩具やユッカヌヒー、ハーリーについて詳しく話してくださり、もやもやしていたこともだいぶ整理できた。

帰り、怖がる人を再び同乗させて那覇をめざす。いよいよおかしくなる。

「これはすぐに見てもらったほうがいいかもしれませんね」

ということばに甘えて、浦添の修理屋に入った。

「マフラーが折れてますね」

そんなものが車の下についていることも知らなかった。

「沖縄は潮風が吹くからどうしても錆びやすいんですよ」

修理の金額を聞いて仰天した。前につくった差し歯よりも高い。でも直さないわけにはいかないし、この車で別の修理屋を探しにいく勇気もない。そのまま預けて、とぼとぼと五十八号線に出る。

「ここからどうやって帰ったらいいんですか」

「大丈夫。すぐに三十一番のバスが来ます」

幸いにも同乗者は沖縄でも屈指のバスマニアだったので、難なく帰ることができた。

その後もユッカヌヒーの新しい資料を見つけたり、琉球玩具をつくっている人や研究者の方々に話を聞いたりして順調に進んでいたのに、あるときふと停滞してしまった。

「み〜きゅるきゅる」第八号、「ユッカヌヒー玩具市」。今年のユッカヌヒー(二〇一三年六月十二日)には、間に合わなかった。

# 読んでいない本について

店を始めてから半年くらいは、店番中ひまでしかたなかった。毎日仕入れがあるわけでもなく、昨日売れた分を補充するのはあっというまに終わる。ネットに出品するのにもあまり熱心になれない。ただぼんやり座っていれば、店の本に手をつけてしまうのは自然のなりゆきである。店番しながら本が読める本屋が実在するなんて。

最初は誰かに怒られそうでびくびくしていたのが、すぐに堂々と読むようになった。人通りの多い商店街の路上で本を読む。体を張って読書キャンペーンをしているようなものじゃないか。なにか効果があったのかどうかはわからないけれど。

通りがかった人に「お勉強中のところ大変すみませんが、やちむん通りはどちらですか」と尋ねられて、こちらが恐縮する。『やし酒飲み』(エイモス・チュツオーラ、晶文社)を読んでいたら「これ自分も読みました」と話しかけられる。

「難しい本ですね」

「え、面白かったっすよ」

あら。私の読みかたが悪いんだ。

お客さまは、私が店の本をすべて読んでいることを期待している。本の内容やおすすめの本について尋ねられ、周辺の情報から類推して答えると、すぐに「読んだんですか？」ときかれる。

「読んでません」

でもだいたいは合っているはずです、と心のなかで控えめにつけ加える。

お正月に新都心の球陽堂書房に行ったら、店内のレイアウトがすっかり変わっていた。去年の八月にくまざわ書店に吸収されたのだ。照明も新しくなってキラキラした棚を見ていたら、『読んでいない本について堂々と語る方法』（ピエール・バイヤール、筑摩書房）が差さっていた。評判は聞いていたものの、そういえば実物を見るのは初めてだ。お年玉のつもりで買う。くまざわ書店の袋に入れて渡された。

冒頭にムージルの『特性のない男』が出てくる。ここで紹介される図書館司書のエピソードに、すっかり感動してしまった。

つまり、有能な司書になる秘訣は、自分が管理する文献について、書名と目次以外は決して読まないことだというのです。『内容にまで立ち入っては、司書として失格です！』と、彼はわたしに教えてくれました。『そういう人間は、絶対に全体を見晴らすことはできないでしょう！』

〈全体の見晴し〉。本の内容よりも本と本との位置関係を把握することで、〈どんな本の話題にも難なく対応できる〉ようになる。本屋にもこの技術が絶対に必要だ。一冊の本を実際に読んでみるより、目録やブックガイドを眺めてどの本がどのように紹介されているかを知るほうが、または一冊でも多くの本を触って開いてみるほうが、棚づくりや問合せの対応には役立つ。

古本屋では新刊書店よりさらに〈全体の見晴し〉が必要になる。みんなが欲しがる本や流通量の少ない本を知って、適正な価格をつけなければならない。自分で読んでみて「つまらない本じゃないか」と思ったとしても、評価が高くて需要のある本ならそれなりの値段にする。みんなが「つまらない」と言う本に自分なりの面白さを見つけて売りだすとしても、まずは〈全体の見晴し〉があってのことだ。

古典と呼ばれているのに読んでいない本があまりに多すぎて、引け目を感じていた。だからこそ「読まなくても、持っているだけでも開いてみるだけでもいいんです」などと口走ってきた。自分のために。でも、この本にもある通り〈どれほど熱心な読者であっても、存在するすべての書物のほんの一部しか読むことはできない〉のなら、もはや五十歩百歩、誤差の範囲ではないか。楽しめない本を無理して読むよりも、まずはできるだけ広く全体を見晴らして、本当に読みたい本を選びとっていくほうがいい。などとまた言い訳しながら、せめてこの狭い店の全体くらいは見晴らしたいという気持ちでいる。

開店して一年たつころには、店でイベントをしたり外の古本市に出たり何かしらの仕事を頼まれたりすることが増え、まとまった仕入れも何度かあって、忙しくなった。今は店番中に本を読むことはめったにない。やっぱり家で読むのがいいなと思っている。

たまには読む

# ジンブン

西表島で「ジンブン」ということばを聞いて、新刊書店の元・人文書担当として喜んだ話を前に書いた。「ジンブン」は「人文」であるとして疑わなかった。柳宗悦の『琉球の人文』(春秋社)という本もあるし。

原稿が「BOOK5」(トマソン社)創刊号に載ったあともジンブンのことは気にかかっていた。ある日、『沖縄語辞典』(国立国語研究所)を開いて、絶句した。〈ziNbuN (名)[存分]知恵。分別。才能。〉とある。「存分」? 人文じゃなくて? 書くときにも調べたはずなのに。完全に見落としていた自分にぞっとする。

あわてて店にある本を片っ端から見る。『日常会話のウチナーグチ6500』(南風社)にも〈ジンブン[存分]才覚。智恵。〉とある。やっぱり「存分」なのかと思いながら『宮古群島語辞典』(下地一秋)を見たら、〈この語は存分の転ではない。仏教語善本の転訛語〉と書かれていた。「善本」か。新説が登場したものの根拠もわからない。

県立図書館に行き、二階の郷土資料室で手あたり次第に辞書を引いた。が、そもそも「ジンブン」が載っていない辞書も多い。沖縄でも限られた地方のことばなのだろうか。『竹富方言辞典』(南山舎)に〈ジンブン(名)知恵。常識。考え。『存分』の意。ズンブンともいう。石垣方言ズンブン。首里方言ジンブン〉とあって、なぞが解けた。

あらためて引きなおすと、確かに『石垣方言辞典』(沖縄タイムス社)の見出し語は「ズンブン」で、〈『存分』の意〉と載っていた。『宮古スマフツ辞典』(背表紙の表記は『ミャーク方言辞典』、与那覇ユヌス)でも「ズンブン」、『沖縄伊江島方言辞典』(伊江村教育委員会)では「ズィンブン」、『沖縄今帰仁方言辞典』(角川書店)では「ヂンブン」。読みはともかく漢字は「存分」が圧倒的で、「善本」説は他になく、「人文」は皆無だった。

一階に下りて、参考図書コーナーの『日本国語大辞典』(小学館)で「存分」を引く。最後に「方言」として〈知恵。分別。才能。◇ずぃんぶん　沖縄県首里〉と明記されている。「人文」の項目には何も書かれていない。完敗だ。思いきりまちがったことを書いてしまった。

活字になったものは取り返しがつかない。あきらめよう。それより「ジンブン」の意味が興味深い。『久米島町字儀間しまくとぅば辞典』(波平憲一郎)には〈瞬間的に出る知恵〉、『与論方言辞典』(武蔵野書院)には〈物事に応じてとっさに心が働くこと。例　ガクムンヤ　ネンシガ～ヤ　キリュン(無学者であるが、知恵はすぐれている。頭の回転は速い。)〉とあった。西表の親方が言ったとおり、勉強ができるというより機転がきくといった意味らしい。どちらかといえば「ディキヤー」（優等生）と揶揄されてきた私には、「ジンブナー」がまぶしい。

「ディキヤーなのにちっともいばらない」と小学生のころに言われていたらしいのは、金城芳子である。一九〇一年に那覇の辻に生まれ、言語学者の金城朝永と結婚し、社会福祉事業に努め、九十歳まで全力で生き抜いた。〈当時の那覇では女の子にとって商いも教養のうちだった〉といい、「ヨーカビー」（八月八日の厄払い）の前には母親から花火や爆竹を卸してもらって売り、もうけを小遣いにしたと書いている（『なはをんな一代記』沖縄タイムス社）。

東恩納寛惇の『童景集』（興南社）には〈那覇の婦人は機織りや料理に堪能であれば優《すぐ》れ者、商売が上手であれば存分持《ずんぶんむち》といわれた〉とある。

女が十二三にもなれば商売の稽古を始めたもので、初手には二三十貫（五六十銭）程の資本をかけて、マッチやビンツケ油等の小売をした。マッチの軸を梁に架けてはみ出させ、余分に入っているかのように見せかけて、田舎者を釣るのが存分持とほめられた。

那覇の商売女にはジンブンがあった。調べてみたことで、今の私には書店の人文担当だったとき以上に「ジンブン」が必要だとよくわかった。よりによって那覇の市場で商売を始めてしまったのだから。

まわりの店を見ればジンブンムチの女性たちが休みもなく働いている。私もあやかるべく、今日も店を開ける。

ある日の開店準備

# 那覇の本屋さんだいたいマップ

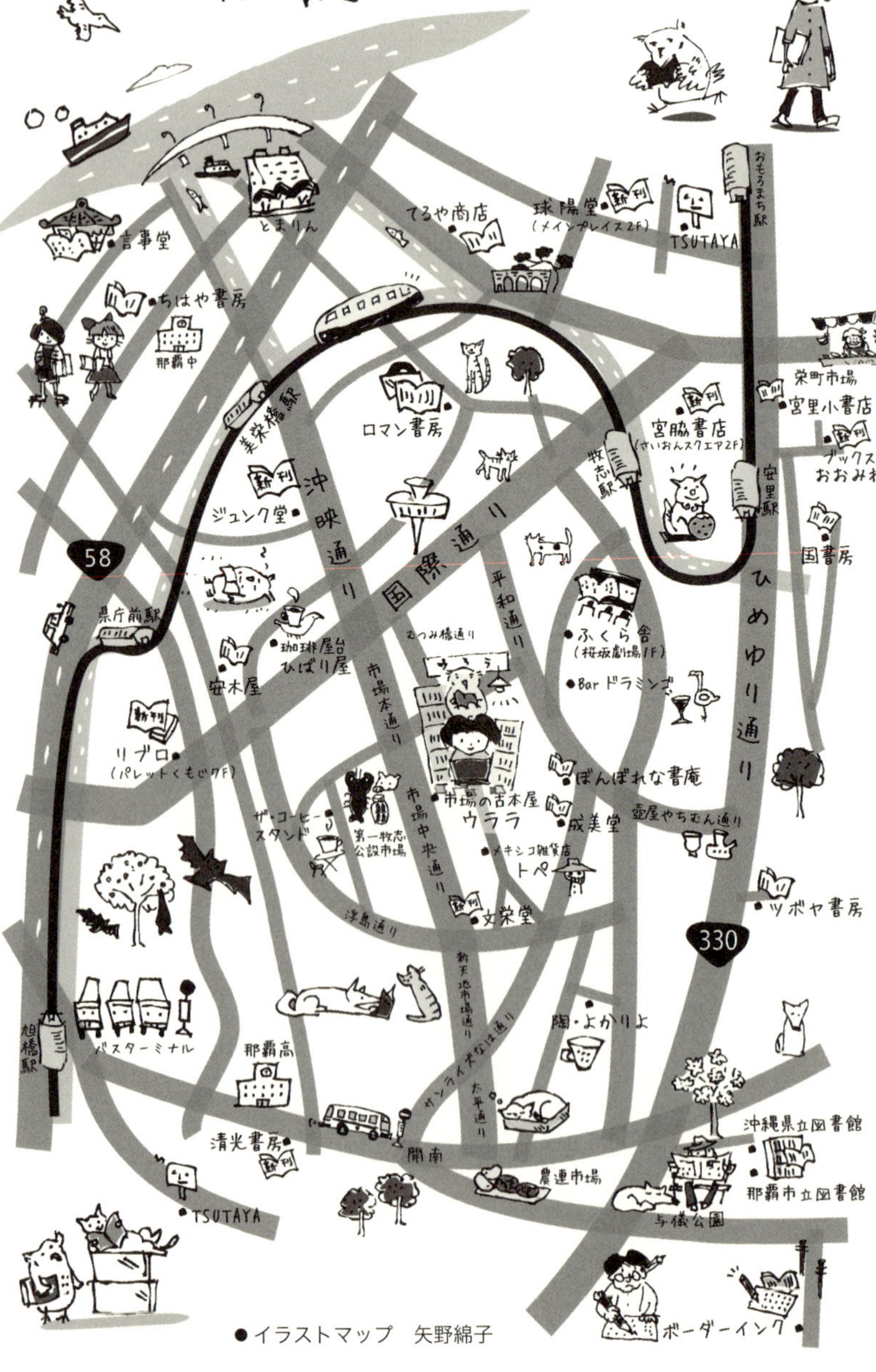


●イラストマップ　矢野綿子

宜野湾市

浦添市

## 沖縄本島の古書店データ

| | |
|---|---|
| 書肆 あらかき | 沖縄県西原町字小波津 187 |
| 市場の古本屋ウララ | 沖縄県那覇市牧志 3-3-1 |
| おきなわ堂 | 沖縄県那覇市首里石嶺町 4-343-6 |
| 観宝堂 | 沖縄県那覇市松山 1 -23-1 |
| 国書房 | 沖縄県那覇市三原 1 -23-25 |
| 現代書院 | 沖縄県沖縄市照屋 1-14-19 |
| コザすばる書房 | 沖縄県沖縄市胡屋 4-22-9 |
| 小雨堂 | 沖縄県浦添市沢岻 2-14-2　1F |
| 言事堂 | 沖縄県那覇市若狭 3-7-25 |
| 成美堂 | 沖縄県那覇市牧志 3-5-7 |
| ちはや書房 | 沖縄県那覇市若狭 3-2-29 |
| ツボヤ書房 | 沖縄県那覇市壺屋 2-1-9 |
| ふくら舎 | 沖縄県那覇市牧志 3-6-10 桜坂劇場内 |
| BOOKS じのん | 沖縄県宜野湾市真栄原 2-3-3 |
| ぼんぼれな書庵 | 沖縄県那覇市牧志 3-5-5 |
| 宮里小書店 | 沖縄県那覇市安里 388（栄町市場） |
| 榕樹書林 | 沖縄県宜野湾市宜野湾 3-2-2 |
| ロマン書房牧志店 | 沖縄県那覇市牧志 2-20-25 |

# Ⅳ 市場通り繁昌節

オフ・ビート・ウララ

# エプロン

国際通りから市場本通りに入り、ウララを通りすぎてさらに歩くと、浮島通りにぶつかるところに「文栄堂」という小さな本屋がある。人の店を「小さな」と言える立場か、と怒られそうだが、在庫の冊数はウララより少ない。女性誌を中心に、沖縄本の売れ筋などを積んでいる。毎日通るたびに買おうと思っていた沖縄手帳を、今日ようやく買った。表紙の色は三色あって、今年と同じ白を買うつもりだったけれど、近くで見ると来年のはクリーム色っぽくなっている。

「ありがとうございます、八百八十円です」

千円札を出すと、店の方は腰のエプロンからおつりを出してくれた。エプロン！　このお店も行商仲間だったんだ。

このまえ載せてもらった朝日新聞の記事に、

「まだレジもない。『行商の気分です』」

と書かれていた。まだというか、この先も導入する予定はない。いつも肩からバッグを提げていて肩がこる。腰巻きエプロンはいいかもしれない。

文栄堂、ウララ、そして沖映通りのジュンク堂書店は、通りの名前は違っても一本道にある。ジュンク堂開店のときにボーダーインクの新城さんが「那覇の［本通り］とは」というコラムを書かれていた。この構想は一部で盛りあがったわりにあまり浸透していなくて残念。いつかNAHA BOOK MAPをつくりたい。

## あとつぎ

店を始めてちょうど一か月たった日、閉店したあと向かいの鰹節屋さんと話をした。三十歳のときにおばあさんから店を継いで、二十六年。自分の代で終わりだろうし、このあたりの店がほとんどがそうだろうという。

「残念ですね」

「人ごとみたいに言うけど、あなたのところはどうなの」

「え？」

「あとつぎ。いるの？」

始めて一か月の店にあとつぎの話題が振られるとは思わなかった。驚きつつも、ぽっと出のわけのわからない本屋を対等に扱ってくれたようで、うれしかった。

# 箱

通り会費の集金に来たときお金を渡すだけで特に話したことはなかったのに突然、

「これ、買う？」

と本を持ってきた。三軒先で泡盛やシーサーを売っている人だ。旧盆で人通りも少なく、ひまだったのかもしれない。

袋にも入れずに抱えてきたのを見ると、シリーズものの時代小説の文庫が何種類かある。

「このシリーズはもう終わった、こっちは続いてるんだけどいつまで待っても新しいのが出ないから、もういい」

どの本も新品のようにきれいだ。大事に読む人なのだと知る。

顔見知りの人からの買取が一番難しい。せっかく持ってきてくれた厚意を傷つけず、もちろん自分も損をしない金額で、と頭をめぐらせていたら、

「――円くらいでしょう」

と、最初に考えたとおりの金額を言ってくれたので、ありがたくお支払いした。

しばらくしてから今度は沖縄の本を二冊持ってきた。

「これは大きいばっかりで邪魔だから、預かって。売れたら払ってよ」

何か月かたって、その大きいばっかりの本が、売れた。東京から来たお客さまが買ってくださり、配送することになった。

店の狭さをいつも言い訳にしてしまうのだけれど、店には梱包資材が揃っていない。いろいろな大きさの箱や封筒を置いておく場所がないので、ありあわせの紙で包んでいる。商店街だから、段ボールはいくらでもある。黒糖の箱、パイナップルの箱。といっても営業時間中にそうそう転がっているわけではないから、直接お店の人に交渉する。

いつもどおり向かいの鰹節屋さんを頼る。ここは店の屋根の梁に大量の段ボールを引っかけて確保している。

「この本を送りたいんです」

「ずいぶん大きいね」

棒を振りまわして段ボールをいくつか取ってくれた。どれにも入らない。

個人経営のスーパーに行った。かがみこんでストックを出している人に、大きい段ボールが欲しいと言った。

「あのね、うちは毎日二百件以上の注文があって県外に送ってるんです。大きい箱が足りなくていつもまわりのお店からもらってるんですよ。小さいのはあげられるんですけど」

発送する箱が並ぶ倉庫まで見せられた。

「失礼しました」

出たところで、ちょうど目の前にある泡盛屋さんと目が合った。

「あの本売れましたよ！」

「あの本？」

「沖縄の、大きい写真集です」

「ああ、あれ」

「配送するんですけど、箱ありませんか？」

「箱ねえ」

いくつか出してくれたうち、ひとつにすっぽりと収まった。

「入った！」

「よかったね」

「そうだ、本のお金、お支払いします」

「売れたからね」

一瞬悩み、この前と同じ金額を渡すと、うなずいてくれた。

「これでまた新しい本が買える」

そう言って開けた棚の下の引き出しには、時代小説がまだまだたくさん入っていた。

ウララの帳場から見える風景。公設市場の脇道

# 電球

朝、店の電気をつけたら上の電球が切れていた。そういえば昨日の夜もなんだか暗かったなあと今さら気がついた。

椅子に上ってはずした電球は見たことのない形をしている。前の人から店を引き継いで十一か月、ずいぶん長持ちした。

「これ、どこに売ってますか？」

わからないことは何でも隣の漬物屋さんにきく。毎朝、夫婦で一時間以上かけて、スクガラスやアンダンスーや島とうがらしの瓶をひとつずつ並べている。二人は手をとめて電球を見た。

「これは電器屋に行かないとないよ」

「ダイキの向かいはどうね」

「あそこにはないさ」

「百円ショップで別のを買いなさい」

いつも二人で言いあいながら考えてくれる。

窓もない細長い部屋だから、床のランプだけでは棚が見えない。とにかく何かつけなければ。

「ちょっと買ってきます」

路地を抜けて二本向こうの平和通りに行った。

最寄りの百円ショップにはほとんど種類がなかった。百ワットのが欲しい。国際通り近くまで歩いて、二軒めで買った。

戻って椅子に上って取りつけると、一瞬光って、消えた。ぼうぜんとする。私のやりかたがまずかったのだろうか。

「どう？」

隣から声がかかる。

「消えました」

「え？」

「なに、ちょっと貸してごらん」

節子さんは電球を受けとると、自分の店の電球をはずして、つけ替えた。つかない。

「切れてるねえ」

「二個セットだったんです」

もう一個も渡す。一瞬光って、消えた。

「だめだね、これは」

「替えてきなさい」

「替えてくれるでしょうか」

「くれるさ、切れてるんだから！　百円が無駄になるよ」

追い立てられて、また平和通りへ向かった。品出しをしていたベテランふうの店員さんに声をかけると、よく事情も聞かずに、

「そうですか、じゃあ替えましょう」

と応じてくれた。

今日は棚に出したい本がたくさんある。早足で戻り、椅子に上って取りつけると、今度は光りもしない。消えたまま。

「どう？」

「光りません」

漬物屋さんでも試してもらった。二個ともつかない。

「だめだね。もう返してきなさい」

「でも」

「百円が無駄になるよ」

三たび、平和通りへ。さきほどの店員さんをつかまえる。謝りもしないかわりにすぐレジに

入ってお金を返してくれた。百五円。三往復もして、さすがに息切れぎみ。

「返してもらいました」

「じゃあこれを使いなさい」

節子さんは自分の店についていた電球をはずし、渡してくれた。

「いいんですか」

「うちは予備があるからさ」

つけると、部屋はみごとに照らされた。

「明るい！」

前の電球はそうとう弱っていたんだと、これも今さら気がついた。

おさがりの電球は、それから一か月がんばってくれた。

## 夜と朝

閉店まぎわに人が来て、いつもより片づけるのが遅くなった。七時半をすぎるとまわりの店はほとんど閉まり、だいぶ離れた国際通り側の土産物屋が九時ごろまで通りを照らしている。

シャッターを閉めて振りかえると、向かいの鰹節屋さんが片づいて空っぽになった台に座って銀色の缶を開けていた。

「ビール！」

「なに、仕事も終わったんだからいいじゃない」

「そこで飲まなくても」

「いつもはあっちの角の店で飲むんだけどね」

「毎日飲んでるんですか」

「ビールとタバコはやめられないね。女房もあきらめてるよ」

ははは。

「酒飲みの相手してないで、はやく帰りなさい」

隣の宝石屋さんに打ちきられて、おとなしく帰った。

しばらくたったある日の夜十時ごろ、店に車で本を運んだ。みんな閉まっているので車のまま通りに入っていく。

向こうから歩いてくる人がいた。鰹節屋さんだ。「あっちの角の店」で飲んできたのか、すこしフラフラしている。こちらには気がつかないまま、すれ違った。

翌朝。

「昨日、飲んでたでしょう」

と話しかけても、

「なに？」

とそしらぬ顔をされる。

「いいからこれ食べなさい」

ティッシュに包んだまんじゅうをくれた。

「ありがとうございます」

朝、めざましに食べる甘いもの、ミークファヤー。鰹節屋さんのおかげで覚えた、すてきな習慣である。

# 別の朝

開店作業を終えてやれやれと座ったところに、鰹節屋さんがやって来た。

「新聞にボーダフォンの人が出てたね」

「は？」

「ほら、よく来る人。那覇の話を書いてたよ」

「ああ」

何度言っても「ボーダーインク」を覚えてくれない。

「新聞は家で読んでくるんですか」

「そう。いつも五時に起きてウォーキングして、そのあと」

「五時？　だって夜は飲みにいってるんですよね」

「当たり前さ。そのために歩いてるんだから」

納得。

# I'm open

朝一番の歯医者のあと、店に行く途中で壺屋の「陶・よかりよ」さんに寄った。

シャッターが三分の一くらい閉まっていて、準備中かなと思いつつ近づくと、「open」という小さな看板が出ていた。

「おはようございます」

「おっ」

店主の八谷さんは明日から始まる増田良平展のうつわを並べている。ウララも参加している「NAHA ART MAP」を受けとり、うつわを見るともなく見ていたら、どんどん惹きこまれていった。夢みたいに明るい色づかいにわくわくする。手にとって眺めると絵本を読んでいるような気分になる。うつわのかたちをしているのが不思議なくらい、なにか別のもの、見たことのないものに見える。

「ここ一年くらいで彼からとても面白いものが出てきたから、今やって欲しいと思って」

今回の展示のために増田さんは百八十のうつわを焼いたそうだ。作家がひとりで考えてつくるだけではなく、こんなのはどうかと持ちかける人、それを売る人がいて初めてできるものもあるのだ。本と一緒だ。

「こちらも完売させるつもりだから」

言いきることばに、八谷さんの期待も自信も責任感もすべて表れている。

また来ますと店を出て振りかえり、さきほどの看板は「open」ではなく「I'm open」であるのに気がついた。

そう、「We're open」という看板を見るたびに、ひとりでやっている店はどうするの？　と思っていた。ただの慣用句であるにしても。

「I'm open」

これもまた、自信と責任感の表れ。

私のところは開店しているのは一目瞭然なので看板は出さないけれど、気持ちはこうでありたい。

## 美容院

美容院に行く。髪を洗ってもらい、後ろのほうから切られていく。前髪にさしかかったので読んでいた雑誌を置くと、

「新聞、見ました」

と言われた。

昨日の沖縄タイムスに、「本との話」というコラムを載せてもらった。「タイムスは家でとっていますし、店にもあるんです。昨日は開店前にセットのお客さまがいらしたので朝早く来て、そのときに見ました」

お客さまが載っていることもあるから目を通すようにしているんですよと聞いて、感心する。いろいろな人が来るのだろう。

横で聞いていたスタッフの男の子が、店にある「BRUTUS」の「本屋好き」特集を持ってきて、「沖縄の本屋も三軒載っていて、うれしかったです」

と熱く語ってくれる。

あたらしい頭でリブロに寄る。昨日から「第十三回沖縄県産本フェア」をやっている。テーマ別の「島」がいくつもの棚や台に広がり、これを並べるのは大変だっただろうなあと察する。

毎年このフェアでショックを受けるのが、知らない本の多さである。

フェアには榕樹書林（出版社でもある）とBOOKSじのんも参加していて、古本のコーナーもある。出版社が自社の傷み本などを集めたバーゲンブックのコーナーもある。そこに知らない本があるのは仕方ないのだが、新刊として置いてある本のなかにも、

「えっ、これまだ流通してるの？」

と目を疑うような本がちょろちょろ混じっている。倉庫から出てきたのか、存在を忘れられていたのか、とにかく、

「なかったはずじゃない？」

という本に出会ってしまう。

沖縄で沖縄本の仕事をするのは大変なことだなあと思うのも何百回めか。

本の「島」にひとりずつくらいお客さんがいて、熱心に本を見ていた。

## 職業占い

いよいよ真夏にさしかかるころ、休みの日にマッサージに行った。

「足がはってますね。立ち仕事ですか？」

「いえ、座ってます」

確かに立ち仕事も長かったけれど、はっているのはもとからです。

「冷えはありませんね。事務の方は足先がかなり冷えていることが多いんですよ」

座っていると言ったら事務職だと思われてしまった。クーラーの効いたオフィスで仕事をし

ていたらそれは冷えるだろう。でも路上にはクーラーもないし、いつも汗だくなんです。

「手が荒れてますね。銀行におつとめですか？」

お札を数えているせいだと判断されたらしい。その連想力に感心する。古本に触っているだけで、数えるほどのお札を手にすることはめったにありませんし、そんな堅気の人は平日の昼間にマッサージに来ないでしょう。

路上に座って扇風機を回しながら古本を売るという仕事があるなんて、まず想像できないだろう。そんな仕事をしている人は、私のほかに何人くらいいるのだろう。

## 女の子には向かない職業

店先に座っていると、通りを歩く人たちの声が切れぎれに入ってくる。地元の人は市場の眺めなど珍しくもないので自分たちの会話を続けている。観光客は見るものすべてに反応して、律儀に声をあげる。

「鰹節、昔はああやって家で削ってたんだよ」

「この魚、本物？　スクガラスって？」

私の店に対しては、

「あ、古本屋だ」

「へー」

と通りすぎていく人が大半で、次に多いのが「狙いうち」を歌いだす人。

「どうしてウララっていうんですか?」

ときいてくる人は、たいてい「実は私の名前も、うららなんです」「娘に麗とつけました」と告白してくる。すみません、本名でもないのに勝手に名乗って。

「これ小学校の図書室にあった、なつかしい!」

『まんが歴史事典　沖縄の偉人』(正・続、那覇出版社)を目立つように置いておくと、定期的にこの声が聞こえる。地元の人だ。発行は昭和六十年で、私が小学校に入る前の年である。同年代以下の人はみんな知っているのだろうか。

「見て、本屋だよ。本って一冊家にあるだけでおしゃれに見えるよね!」

若い女性が言い放つ。一冊じゃ逆に格好悪くない? と思いつつ、細長い足とヒールを見送る。

「なんで女の子がひとりで座ってるの?」

父親に手を引かれた小さな男の子が私を指さしたときは、キュンとした。

「本を売っているんだよ」

と教えてあげたかったのに、そのまま行ってしまった。

## 末は作家ね

同じ通りにある古布屋さんが、店の前を通るたびに声をかけてくれる。いつもは「百円ショップ行ってくるよ」「帰るよ」くらいなのだが、今日は、

「ねえ、宇田さん」

と立ちどまった。

「うちは新報だから今まで見てなかったけど、このまえ友だちがタイムス持ってきたのよ」

私が沖縄タイムスに書いたコラムを読んでくれたらしい。

「毎月書いてるの？」

「いえ、二か月に一回です。次で終わります」

「なーんだ」

通りすぎる。また戻ってきて、

「末は作家ね」

と言いながらまた通りすぎる。末っていつだろう。

いつも襟のついたシャツに古布のベスト、ジーパン、コンバースで背筋を伸ばして歩いている。七十歳をすぎているようにはとても見えないかっこいい女性で、今年は布を探しにネパールに行くという。私の肩掛け鞄もつくってくれた。

## ダイヤルは四列

店を閉めてそのまま出かけて日付も変わるころ、自分の店の近くにとめた自転車を取りにいったら、チェーンの鍵が電柱とタイヤにまたがってかけられていた。私はこんなまめなことはしない。鍵はタイヤにしかかけない。つまりものすごく親切な誰かが鍵のダイヤルを勝手に合わせてはずし、つけかえてくれたということだ。

次の朝、自転車置場の向かいの洋服屋さんに声をかけた。長い棒でハンガーを天井近くのフックにぶら下げている。

「昨日、自転車ありがとうございました」

「いやいや、夜は危ないと思ったからさ」

珍しく照れている。やっぱりこの人だった。前にチェーンの鍵を見て、

「こんなのすぐはずせるよ」

と本当にはずしてみせた。

「ダイヤルが四列のじゃないとだめだよ」

と言われたのに、そのまま三列のを使っていた。

何日かあと、自転車のカゴいっぱいに本やら食べ物やらを載せて走っていたら、横断歩道で鍵が飛びだし、地面に落ちた。すぐ信号が赤になってしまったので拾えず、渡りきって待った。青になってから引きかえしてみると、チェーンの鍵の先が曲がって鍵穴にささらなくなっていた。

四列のを買って帰った。

## スピリチュアル・ミヤーク

平和通りで「み〜きゅるきゅる」のミーティングを終えて「サンライズなは」の通りに出ると、自転車がなかった。

「駐輪禁止」と大きく書いてある前にとめたから、移動されたのかとあたりを見てみるものの、ない。夜十時に市に撤去されたわけではないだろうし、じゃあ盗まれたのか。

三年乗って三回パンクさせて、あまり大事にはしていなかった。ただ、三か月前にカゴをふつうの倍くらい大きいものに替えたばかりだった。本がたくさん載せられるように。

自分では、

「プロの古本屋っぽい！」

と悦に入っていたのに、人には、

「ホームレスみたいだね」

と言われた。たしかに古本も空き缶も似たようなものだ。ものもらい。似たような商売の方が「これはいい」と持っていったのか、子どものいたずらか、それとも通りの人が怒ってどこかにやったのか。歩いて帰る。

翌朝も店までてくてくと歩き、運動不足が解消されていいかとも思う。

しかし店を開けて本が売れるたびに、

「明日はこれだけの本をかついで来るのか」

と考え、どんどん憂鬱になる。たいして売れたわけでもないのだけれど。「駐輪禁止」の横に「防犯カメラ作動中」と書いてあったから、通り会の人にきいてみようか。

夜になって店を閉め、隣の隣の洋服屋さんに、

「自転車がなくなりました」

と打ちあけた。チェーンの鍵を自由に開けられる人である。

「ああ、今は簡単にチェーンを切れる道具があるからね」

「あのへんは塾があって子どもが多いから」

夫婦で分析してくれる。すると奥さんが言った。

「サンライズなはを上っていくとパチンコ屋があるでしょ。あの前にあるよ」

言いきられて、ぱっと心が明るくなった。

「ある？」

「気休めに見てみるといいさ」

だんなさんのことばに、またがくっと落ちる。そうだ、気休めだ。

交番に届けなさいという声を聞きながら、サンライズなはをめざした。市場中央通りから浮島通りを横切って新天地市場通りに入り、太平通りの手前で交わるのが、サンライズなは。途中で自転車を見かけるたびにカゴの大きさを確かめた。あんな立派なのは、ない。もう何年もそこに打ち捨てられているような自転車ばかりだ。

サンライズなはを右に上っていくと、言われたパチンコ屋の前に自転車が十台くらい固まっている。

手前から見ていく。真ん中に大きめのカゴを見つけた。でも、もっと大きかったんじゃないかな。ほら人の名前が書いてあるし、と近づいてみると、「Hibiscus」と書かれたシールが貼られていた。そう、ハイビスカスだった。ジャスコで買った謎のメーカー。

暗くて色もよくわからないし、サドルも低すぎるような気がする。鍵はついていない。思いきってスタンドをはずしてみた。ガシャンと音がする。どろぼうのようにどぎまぎする。

またがって乗ってみると、確かに私の自転車だった。

そのまま洋服屋さんに戻る。

「見つかりました！」

「あれ」

「どうしてわかったんですか！」

奥さんによると、これまでにも洋服を盗んだ人の持っている袋の色をあてて見つけだしたり、孫の漢検一級合格を予言したりしたらしい。

「宮古の力ですか!?」

軽々しく言っちゃいけないよなあと思いながらも、言わずにはいられなかった。夫婦は宮古（伊良部島）出身である。

「そういうんじゃないよ」

あっさり否定された。

何かお礼をしますと言ったのに、なぜかパイナップルを数切れ持たされた。

# 一号線

四時になると疲れる。公設市場の二階のトイレに行き、一階に降りて自分の店の反対側に出て、「コーヒースタンド」に入る。買ってすぐ戻ろうと思いながら話しこんでしまい、二十分くらいしてから戻ると隣の洋服屋さんが仁王立ちしていた。

「どこ行ってたの」

「すみません、トイレに」

「これ預かったよ。あの編集の人が来てた」

オレンジ色のちらしの束を渡された。よく来る人の顔は、お隣も覚えている。

「ウララさん中国に行ってたんですよねって言うから、そうよ、昨日戻ってきたのよって教えてあげたよ」

本人のいないあいだに情報が伝わっていく。

次の日の四時。目を上げると洋服屋さんが棚の前に立っていた。

「きれいに折ったねえ」

昨日のちらしを四つ折りにしたのを、ひらいて眺めている。

「今度、沖映通りで古本市をやるんです」

「あそこは大きい本屋があるね」

「行くことはありますか」

「去年までは若狭に友だちがいたから、歩いていく途中に寄ることもあったけど。いなくなってからは、行ってないね」

「若狭まで歩くんですか。遠くないですか」

「まっすぐ行くだけよ。一号線の向こうまで」

五十八号線を一号線と呼ぶ人を、初めて本当に見た。

＊米軍が軍事用に整備した道路が、一九五二年の琉球政府発足時に「政府道一号線」と認定され、一九七二年の復帰時に「国道五十八号」となったそうだ。

## ツイード

向かいの鰹節屋さんを覗いている長い背中を見るともなしに見ていたら、ゆっくりと振りかえった。目が合ったので会釈をすると、近寄ってきた。

「ここは沖縄の本がたくさんあるね」

通りから路地に入ったところにある洋服屋さんのだんなさんである。いつもツイードの背広を着ている。

「沖縄が好きな人はここに来たら喜ぶよ。いい仕事をしているね」

「ありがとうございます」

店を見てくれていたとは思いもしなかった。

「中には市町村史なんかもあるんでしょう。いいね、いい仕事だね」

市町村史は揃えるのが大変で、場所をとり、なかなか売れない、ということで敬遠している。なにも言えない。

「僕は沖縄の本が好きで、市町村史もたくさん持っている」

「そうなんですか」

国頭から与那国まで、新聞で発売の記事を見たら二、三日中に行く。船に乗って、飛行機に乗って。役所には誰かがいるから、書いた人に会って苦労した話や面白かったことを聞いたりできる。村長さんが出てくることもある。わざわざ来たんですかと驚かれて、本をくれたりもする。もちろんもらいたくて行くのではなくて、やる気、熱気を見せたい。

定年まで新聞社に勤めていた。二十五日に給料をもらったら、いくら使えるか考えてすぐ買いにいった。家に帰ると、棚に本を並べるうれしさで胸がいっぱいになった。

「本には人の気持ちが入っている。だから会いに行って、そこで買う」

国頭から与那国まで。

「あなたの店には郷愁と哀愁を感じるよ。ここからたくさんの出会いと思い出が生まれるはずだ。そこそこ繁盛して、名所になるといいね」

うまく答えられないでいるうちに誰か知り合いが通ったらしく、行ってしまった。

## テニスコート

夕方、久しぶりのお客さまが見える。市場に来るのは近くでパソコン教室がある火曜日が多く、ウララは定休日なのでなかなか来られないのだと申し訳なさそうに話される。

幸田文が好きで、青木玉、青木奈緒も読む。露伴は読みにくい。狭い店で壁ぎりぎりまで下がりながら、棚の本を一冊ずつ見ていかれる。

「中原中也、なつかしい。でもね、私はあの人が好き。ほら、沖縄の詩人で…」

「山之口貘ですか」

「そう、あの人の『座蒲団』が好き。土の上に床があって、とかいうのね。一度学校に来たことがあるの」

「えっ」

高校のとき、貘が講演に来た。首里高は貘の母校だった。今グラウンドになっている場所の裏にテニスコートがあり、そこに集められた。参加したのは数十人で、全校生徒ではなかった。話は何も覚えていない。

一九五八年十一月、貘が三十四年ぶりに沖縄に帰ってきたときのことだろう。あちこちに呼ばれて忙しく、一か月滞在する予定が二か月に延びたと評伝にある。

「今だったらパイプ椅子なんか出すんでしょうけど、あのころはね、地面にじかに座らされてね」

それこそ「座蒲団」の世界ではないかと思ったけれど、言わなかった。年末で寒かっただろうと思えば「生活の柄」でもある。

## 鼻

「貘さん、私の高校に来たことがあるよ」

壁にかかる山之口貘カレンダーを見て、店に入りながら話しはじめた。ときどき思いだしたように来てくださる、緑色のショートカットのお客さまである。

「え、首里高だったんですか」

「ううん、私は糸満高校。いろんな高校を話して回ってたみたいよ。イメージ通りのひょうひょうとした人で、『鼻』を読んでくれた」

「よく覚えてますね」

「刺激の少ない時代だったからね」

もっと詳しく聞こうとしても、それほど興味はなかったらしく、もう引きだせない。いつも買われるのは政治や哲学の本である。

沖縄本の部屋に入り、すぐに出てきた。

「沖縄の人は本をよく出すよね」

「そうですね」

「自分のことばかり書いて、つまらなくても気にしないんだ。恥ってものがないからね。家族が精神疾患とかノイローゼで病院に行ってたら、ふつうは隠すでしょう。平気でしゃべるからね」

「はあ」

「あなたも、すっぱだかになれば暮らしやすいと思うよ」

「なるほど」

なんとなく納得する。

「うちの母も何年か前に本を出してね、頼まれて私も少し書いたのよ。弟は『公害だからやめろ』って言って、書かなかった」

「公害ですか」

失礼だと思いつつ笑ってしまった。

## 首里

沖縄の戦後史の本を買ってくれたお客さまが、おつりを受けとったあとにふと話しはじめた。

「毎年、四月二十八日には辺戸岬と与論島でたき火をしました。辺戸岬からはボート、与論島からは船を出して二十七度線に集まり、海上大会をしたんです。復帰要求の大会です。いま、記念の展望台をつくる計画があります」

どんな文脈でこんな話が始まったのかわからないまま、海をへだてて燃えあがる火のイメージが浮かんだ。一九五二年四月二十八日、沖縄が日本から切り離されて、アメリカの支配下に置かれた日。奄美は先に復帰して、一九七二年までは辺戸岬と与論島のあいだの北緯二十七度線が国境になった。

「いい本が買えてよかったです。このあたりには何十年ぶりかに来ました」

「遠くにお住まいなんですか」

「いいえ、首里です」

首里の玉城です、と名乗られた。


翌日。

「ルソーの本はあるかしら」と、お客さまが入ってきた。初めて来てくださったようだ。

「ちょっと読みかえしてみたくなって。目が悪いから字の大きいのがいいわ。昔は小さい字のほうがありがたみがあって、かっこいい感じがしたけれどね」

昔の本や新聞はどうしてあんなに字が小さかったのだろう。紙の節約とか活字の材料費とかの問題なのか、昔の人は目がよかったのか。ワイド版岩波文庫を取り寄せる約束をした。

「ちょっと他の本も見せてね」

沖縄本を手にとっていく。

「あら、この本、線が引いてある」

「古本にはときどきありますね」

「ねえ、線を引く心理ってわかる？　若いころは信じられなかったの。どうして本を汚すんだろうって。でも、今ならわかるわ。自分を残したいっていう気持ちが出てくるのね。年をとるとね」

線引の心理。初めて聞く説だった。

「今日は何十年ぶりかに市場に来たわ。いつも土曜日はプールに行くんだけど、思いついてこっちに寄ってみたの。じゃ、ルソーお願いね」

「あ、ご連絡先を」

首里の玉城です、と名乗られた。

夫婦ではないと思う。

## 線引

旧暦五月四日の「ユッカヌヒー」について調べるため、「琉球の文化」第三号「琉球の伝統玩具」を人に借りた。

「あちこち線引があるけど、気にしないで」

本を読むときは必ずペンを手に持つという。新聞を読むときはハサミを。スクラップブックが何十冊もたまっていて、貼りきれないまま挟みこんでいるのもある。

「このまえ半分くらい捨てたよ。一度も見てないことに気がついてね」

「なのにまだ続けているんですか」

「やめられないねえ」

穏やかで親切でおっちょこちょいなおじさんである。納品に来たのにコーヒーだけ飲んで帰りかけ、領収証の宛名を何度も書きまちがえる。出版社の社長だとは思えない。

「このまえボーダーインクから『沖縄人はどこから来たか』の改訂版が出たでしょう。著者の安里進さんが新聞に文章を書いていてね、それがすごく面白かったんだ。読み終わって気がついたら、最初から最後まで全部に蛍光ペンを引いていた」

背を丸めて笑いだしたと思ったら、急に顔をしかめて立ちあがった。

「横隔膜をつった」

しばらく店の前の路上をうろうろと歩きまわっていた。

## OKINAWA

知人二人に連れられて、英語を話す青年がやって来た。二人とも英語は苦手で、ほとんど意思疎通ができていないらしい。私もどこから来てなぜここにいるのかを聞きだす元気がなく、あいまいに接していた。

二人が沖縄本を見て盛りあがっているのを、青年は黙って見守っている。彼も楽しませてあげられないものか。思いついて、一冊だけある洋書を取りだして見せたら、青年が急に大声をあげた。

"It's my name!"

著者の名前を指している。この青年が書いた本なのかと一瞬思ったがそうではなく、著者と名前が同じだったのだ。珍しい名前で、自分と父と祖父の三人のほかには見たことがないという。

"How much?"

「あー……expensive…」

一九七三年に講談社から刊行された、英語で書かれた沖縄のガイドブックである。復帰の翌年なのに価格がドル表記ということは、アメリカで売られていたのだろうか。オールカラーで当時の沖縄の写真がたくさん入っていて、英語がわからなくても面白い。売れたらもう入りそうにないので少し高めにしていた。前にも英語を話す人に値段をきかれて伝えたら、

"Oh! Too expensive!!"

といやな顔をされたので、今回もおずおずと告げた。

"I want it!"
「えっ？」
聞き取りに自信がなく、そっと本を袋に入れてみたりしたところ、本当に買ってくれた。
どこから来てどこへ行くのか、珍しい名前の青年に幸あれ。

## 新年会

ガーブ川中央商店街と市場中央通りの合同新年会があった。と書きつつ、この二つの通りがどこからどこまでを指すのか、どう違うのか、何度聞いてもよくわからない（いろいろな通り会費を請求されるけれど、これもどれがどれなのかわからない）。

会場は安里のホテルオーシャン。気楽に行ったら、ふだんはタンクトップ一枚のおじさんもスーツで正装していて怖気づく。無謀にも「演奏させてください」と頼んで、友人たちとともにステージに上がることになってしまっていた。前の年の秋から、夜の砂浜でギターやサンポーニャ（笛）を鳴らして遊んでいたので、その延長のつもりだった。

日本舞踊、太極拳のあとで唐突に南米の音楽を演奏する。場違いすぎてひやひやしたけれど、何名かは手拍子をして楽しんでくださった。司会の方も「市場に新しい風が！」と盛りあげてくださり、どうにか乗りきれた。

圧巻は、一時間確保されたカラオケのコーナー。みな自分からステージに上がり、美声を披露する。

「うまいですねえ」

「あれ、本屋よ」

見たことがある人だと思ったら、同じ通りの本屋の文栄堂さんだった。

「いつも本屋で練習しているよ」

と隣の漬物屋さん。どういうことだろうか。

肉屋の小さな姉弟は「マル・マル・モリ・モリ！」をアカペラで歌って喝采を浴びていた。しかし弟はマイクを持っていたせいで踊れなかったのが不満げ。鬱憤を晴らすかのように、最後のカチャーシーは全力ですばらしい動きを見せていた。

参加者は九十六名、過去最高らしい。よい一年になりますように。

## 旧正月

インターネット上の新聞「那覇経済新聞」で、「武藤良子『もの食う本』原画展」を紹介していただいた。

武藤良子さんが絵を描いた『もの食う本』（木村衣有子、ちくま文庫）の原画を、ウララの店内に一か月展示している。武藤さんは池袋の店での同僚で、ときどき一緒に沖縄料理を食べにいった。おおらかで率直な人柄がそのまま絵に表れている。原画展をお願いしたら快諾してくれ、本人も設営に来てくれた。

記事の写真は店内から外に向かって撮ったもの。拡大すると、道路の向こうに傘が並んでいるのがわかる。が、店の向かいは傘屋ではなく、鰹節屋さんとお茶屋さん。傘屋さんは私の店と同じ側、隣の隣にある。なぜここに傘があるのか？

取材があったのは二〇一二年一月二十三日、旧正月だった。私の店の向かいも両隣もお休みで、このあたりで開いているのは隣の隣の傘屋さんと斜め向かいの宝石屋さん、そして私の店だけだった。

いつもの通り右隣の漬物屋さんの前にも棚を並べた。左隣の洋服屋さんにも「前を使っていいよ」と言われていたものの、並べかたがわからず、やめた（私が店を始めてからの三か月の間で洋服屋さんが休んだのは、新正月と旧正月だけだった。働き者！）。

シャッターばかりでさびしいなあと思っていたら、おもむろに傘屋さんが出てきて、向かいの店の前に傘を並べはじめた。

夫婦でお店をされていて、〇・七坪くらいの空間に上から下まで隙間なく傘が並んでいる。いつも二人で品出ししており、お客さんはほとんど中に入らずに（入れないだろう）、外で傘を選んでいる。

店の奥から次々に傘を出してきては、開いて並べる。雨も降っていないのに人がたくさん立ちどまり、にわかに傘の大市になっていた。

記者の方がいらしたとき、武藤さんはジュンク堂の地下のAコープに買い物に行っていて留守だった。戻ってきた彼女の袋には、ハンダマや島らっきょう、そして久米島の久米仙が入っていた。

傘の大市

# 侵出

今日はお隣の浦崎漬物店さんがお休みなので、店を広げさせてもらった。

ふだんは浦崎さんとの境に置いている棚を、浦崎さんのお店の前に並べる。ちゃんとお許しはいただいている。

間口が倍になると、立ちどまる人も倍になる気がする。ふだんは棚のすぐ後ろに店主（私）がいるので見るほうも気づまりだろうけれど、広がっていれば遠くで自由に見られるから、お互いに気が楽だ。

それでも隣の店は開けていてくれるのがいい。瓶のなかにきっちり整列したスクガラスや島とうがらしが通る人の目をひいて、足を止めさせてくれる。運がよければ横にある本も見てくれる（スクガラスと本のあいだは十センチくらいしかない）。

何より、まったくお客さんが来ない孤独な時間もすぐ横に人がいてくれるというのは、とてもいいもの。そういうときは目の前を素通りする人たちに安らぎを感じることはできない。

# 異動と移住、その後

　東京から沖縄の店に異動して、一年半で会社を辞めて自分の店を始めて、市場通りの人たちと親しくなり、地元のお客さまと話すようになった。市場を通じて旧暦の行事が身近になり、さらに車で遠出したり離島に出かけたりするうち、やっと「沖縄に住んでいる！」という感じになってきた。堂々と好きだと言いたい気持ちも出てきた。力が少し抜けはじめた。

　いま市場中央通りの路上に座っていると観光客の声がそのまま聞こえてきて、ときにぎょっとする。

（そんなこと言うもんじゃないよ）

（なんて無神経なんだろう）

　でも本当は私も感じているのに言えずにいることも、あるのかもしれない。暮らしていても腰は引けたままだ。黙っていればいいわけじゃないと叱られたこともある。

　会社を辞めてもまだ沖縄にいるということは、異動が終わって移住したということだ。遠慮はやめて、引き受けていかないと。

# 三十年前のウララ

「季刊くりま」第九号「長寿日本一　沖縄の食」文藝春秋、昭和五十七年七月一日発行。古本屋の模合で手に入れた。

随所に「本土復帰十年」と出てくるように、まる三十年前に出た本である。店に持ってきて、このころのどぎついカラー写真はいいなあと思いながら眺めていた。

「色彩の饗宴　牧志公設市場を歩く」という章をめくっていくと、見覚えのあるような風景が出てきた。

何列も並んだスクガラス、これは市場のあちこちで見られたはずだ。でも、左端に傘屋がある。これは旧正月に豪快に傘を広げていたあの傘屋さんではないだろうか？　ということは、

「浦崎さん、これ」

立ちあがって隣の店に近づき、写真を見せると、

「ああ、これ私よ」

あっさり答えが返ってきた。右の前屈みの女性は、三十年前の隣の漬物屋の浦崎さん。

「じゃあ、右端のシャッターが下りているところは」

「あんたの本屋よ」

　間口七十五センチの空間がしっかり写っている。

「この日は休んでたから、私が店を広げてるの」

　昔から休みの日にはお互いの前に店を広げる約束があったのだ。

「このへんはみんなスクガラス屋で、スクガラス通りって呼ばれてたんだよ」

　写真のキャプションには「瓶づめ屋。一軒ではなく、三軒の店がつながっている」とある。台もつながっているから、下に小さな通用口をあけて、そこから出入りしていたらしい（腰を痛めそうだ）。

　浦崎さんのスクガラスは今も変わらず瓶づめだけれど、ニンニクは袋づめ、塩辛は箱づめに変わった。食べるラー油のような新しい商品も増えた。

　写真を撮った垂見健吾さんは、今も市場の常連である。二〇一二年に出版された『南方写真師タルケンおじぃの沖縄島旅案内』（文藝春秋）には、三十年後の市場が写っている。

写真　垂見健吾

おまけ

# 「広州書墟」

## ウララ、中国の古書イベントに行く

## 招待状

「市場の古本屋ウララ」宛てのメールが「とくふく堂」に届くということが、開店してから五回くらいあった。ウララの紹介記事に「とくふく堂を引き継ぎ」とあるのを読み違えるらしい。そのたびにとくふく堂さんがメールを転送してくれた。

二〇一二年十月中旬、とくふく堂さんからメールが来た。

「たまにしか開けないこのメールをさっき見たら……数時間前に、またまたまたウララ宛のメールが。しかも中国から?? ついに海外進出!? どんどん行っちゃってくださいー。いえーい。」

また適当なことを言って。メールは広東省の広州市で日本人向けフリーペーパーの編集をしているという人からだった。

「こちらの雑誌社のエディターをしながら非常に小さな古本屋を営んでいる彭永堅さんから依頼を受け、メールを差し上げました。彭永堅さんは、毎年、広州で本についてのイベントを開催していて、今年のイベントのゲストの一人として宇田さんにご登場いただけないか、という希望を持っています」

日本語に訳された彭永堅さんからの依頼文も添付されている。

「私は毎年秋に、広州で『広州書墟』というイベントを開催しています。このイベントでは、上海、北京、香港、台湾などから三十名の作家を招き、彼らに自分が所蔵していた本を持ってきてもらい、古本として現地で販売します。さらに、古本の販売に加え、読書講座も行っています。今年の『広州書墟』は十二月一、二日に予定しています。ぜひ、このイベントに参加して、古本屋や本について、私たちに語っていただけないでしょうか」

私のことは雑誌「Ku:nel」の記事で知ったとある。ずいぶん突拍子もない話だとあきれながら読みはじめたのに、だんだん行ってもいいような気になってきた。十二月は予定もないし、「非常に小さな古本屋」というのも気になる。しかし本当に呼んでくれるのだろうか。もう少し詳しく聞かせてくださいと返事をしたまま、忘れてしまった。

十月の終わりに法事で帰省して、家のパソコンでメールをチェックすると、英語のメールが届いていた。スパムだと思って消そうとして、ふと自動翻訳をかけてみた。件名は「広州、中国での古本の文化活動からの招待状」。「私達は誠意をこめて、あなたの夢と書店の物語を共有し、あなたの本のコレクションを販売し、この活動に参加するために招待。」

スパムじゃなかった。参加用フォームや実行委員会の連絡先、イベントのポスターの画像も添付されている。

わー、本気なんだ。あわてふためき、横でテレビを見ていた妹に経緯を話す。

「すごいじゃん。で、広州ってどこ？　どうやって行くの？」

私にもわからない。たくさん質問したいことはあっても語学力が追いつかない。英会話教室に通う妹に翻訳してもらって、なんとかメールをしあげた。Best regards, Tomoko.

誰もいない部屋

気がかりなのは、昨今の日中関係だった。尖閣諸島国有化の直後で、新聞では中国での反日デモの様子や日本関連イベントの中止が報じられ、市場に来る中国人観光客も明らかに減っていた。最初にメールをくれた編集の人も「正直に申し上げると、現在は最悪の状態です」と書いてきた。まわりの人に話してみると、

「日本から、じゃなくて沖縄から来ましたって言えば大丈夫」

とあっさりしている。それでいいのだろうか。

とにかく参加したいと伝えると、イベントで売る本を十日以内に五十冊送るようにと連絡が来た。中国で日本のどんな本が売れるのか、見当もつかない。

「政治的な本は避けてください」

もちろん火種はまきたくない。あれこれ検索していたら「中国で日本関係の本が発売禁止になった」という情報が出てきた。あわてて実行委員の人に問い合わせる。

「そんな事実はない。昨日も私は書店で日本人作家の本を買いました」

さらに日本の本の状況も教えてくれた。

「村上春樹や東野圭吾の本は人気があり、日本人作家コーナーの目立つ場所に並んでいます。夏目漱石、松本清張、京極夏彦、たかぎなおこの本も広州の書店で見られます。アートやインテリアの本は日本を知らない人にも喜ばれています」

挙げてもらった作家のほか、谷川俊太郎やよしもとばなな、料理や編物の本、本屋の本、製本の本、沖縄ガイド、京都ガイド、写真集、カルチャー雑誌、絵本など、あれこれつまみ食いするように集めて発送した。

十一月が終わりに近づいても向こうに任せた飛行機の手配は進まず、ウェブ上にもイベントの情報はなく、もやもやと不安を感じていたら、何枚かの写真が添付されたメールが届いた。私が撮って送ったウララの写真が、大きなパネルになってイベントの会場に並んでいた。店頭の写真はほぼ実物大で、漬物屋さんと洋服屋さんに挟まれている。脇に中国語の説明文と私の写真があり、市場中央通りの店を一軒ずつ撮った写真もパノラマのように横につなげて飾られていた。

広州の古い建物の誰もいない部屋で、ウララが西日を浴びている。窓の下の交差点を車と人が激しく行きかっている。自分の店が突然遠くに移ったようで、早く市場に帰りたいと部屋でパソコンの画面を見ながら思った。
ともあれ、こんなにしてくれたのだからこちらも全力で応えよう。やっと覚悟ができた。

## 雨の広州

家から広州空港まで、十二時間かかった。最初は那覇から香港に飛んで電車で広州へという話だったのに予算が合わず、台湾経由は時間が合わなかった。出発一週間前にようやく決まったのは成田経由だった。那覇から広州までは千五百キロなのに、那覇から成田まで千六百キロ、成田から広州まで二千九百キロ。げんなりするけれど、文句は言えない。

飛行機で『コルシア書店の仲間たち』(須賀敦子、文春文庫)と『こちら、本の探偵です』(赤木かん子、ちくま文庫)を読む。どうせ寝てしまうと思っていたのに、途中から目がさえて読みふけってしまい、気がついたら二冊とも終盤にさしかかっていた。どうしてもっと厚い本を持ってこなかったのか。帰りはどうしよう。イベントで日本語の本も売っているだろうか。どこか大きな本屋に行けるだろうか。いや、自分で送った本が売れ残ればいい。とにかく成田にさえたどりつけば本屋がある。イベントより合間の読書が心配になった。

本屋を始めてから「本が好きなんですね」とあまりに言われるので「そうでもないです」と答えてきたのだけれど、やっぱり好きみたいだ。何度も読みかえしている須賀さんも初めて読んだ赤木さんも本が好きで、そういう人の本を読むことはうれしい。

悪天候のために二時間遅れで広州空港についた。外に出ると、「広州書墟」の看板を掲げた背の高い男の子がいた。

空港の前には車が隙間なく連なり、クラクションが鳴りつづけている。迎えの車を待つあいだに話しかけられても、何も聞こえない。そもそも英語はろくに聞きとれない。やがて来た車に乗りこみ、高速を走った。黙ったまま雨の夜の街を見おろす。

ホテルにチェックインして、ロビーで男の子と明日の打合せをした。あたたかい場所に来て、ようやく少し話す元気が出た。彼はイベントの会場であるビル「GOELIA225」で働いているらしい。

明日は午後から打合せだから午前中はフリーだけれど、みんな忙しくて街を案内できる人がいない。ホテルの近くに博物館があるから行ってみるといい。困ったことがあればいつでも電話して。僕はスウィングという（みんな英語のニックネームを持っている）。

「ありがとう。今日はもう帰るの？」

「いや、戻って仕事をする。毎日、朝の十一時から次の日の二時、三時まで働いている。イベントがあるから、We are very busy busy busy busy ……」

「オー」

明日は十四時にロビーで、と約束して別れた。

起きても降っている。部屋の傘を借りて外に出てみた。ホテルの前は大通りで、相変わらずクラクションが鳴りまくっている。歩く人が速くて都会だなあと思う。銀行を見つけて両替して、セブンイレブンで広州の地図を買った。そのまま博物館に行ってみたものの、そこだけ人気がなく静まりかえっていて気が乗らない。

もう少し歩いて横道に入った。くだもの屋、おもちゃ屋、文房具屋、食堂。道の両側に商店が色とりどりに並んでいる。店の前にプラスチックケースを出して商品を載せ、店番の人がその後ろに座っているのはまるで市場中央通りのようだ。ただしアーケードではなくひさしやパラソルで雨を防いでいる。ちょうどお昼どきで、店の人はなぜか立って丼や茶碗をかきこんでいた。

北京路225
十四時、迎えに来た車に乗って、他のゲストと一緒にGOELIA225へ向かう。
北京路という繁華街の角に、タイルやステンドグラスで飾られた薄い建物がある。二階は花屋、三階は催事場、四階はミニシアター、五階はカフェと雑貨屋、屋上はテラス。GOELIAという洋服のブランドのビルで、番地が北京路225だからこの名前がついたという。

おまけ 「広州書墟」

GOELIA225

古本屋「彼得猫」

「彼得猫」店主で「広州書墟」の主催者、
通称ピーター

幅の狭いらせん階段で三階に上がる。ウララの実物大パネルの前で、ボランティアの大学生たちが打合せをしていた。部屋の奥につくられた簡易ステージではマイクのセッティングをしていて、たくさんのスタッフがあわただしく出入りしている。ウララとの再会をしみじみ喜べる雰囲気ではない。

ステージの上で指示を出していた人が私に気づいて近寄ってきた。今回のイベントの主催者で、「非常に狭い古本屋」を営んでいる彭永堅さん、通称ピーターである。

「よかったら僕の本屋を見てください」

望むところです。階段をさらに五階に上ると、ガラスを隔てて目の前に現れたのが、古本屋「彼得猫」。雑貨屋「BEN SHOP」のなかに棚が一本だけある。

近づくと、中国語の本と一緒に日本語の本も一段くらい並んでいた。『1Q84』や渡辺淳一、子母澤寛も。ピーターは東京に住んでいたこともあって、日本語ができる。ふだんは出版社で雑誌の編集をしていて店にはいない。会計はBEN SHOPのスタッフがするという。店の一部に古本を置かせてもらうやりかたは日本にもあるし、これで古本屋を名乗れるのだろうかと思いつつ、まあ言ったもの勝ちかと納得する。誰も文句を言わないということは、少なくとも広州では誰もやっていないのだろう。

棚の左の窓の下に、椅子が置いてある。BEN SHOPでコーヒーを注文して、本を眺めながら飲んだ。一番小さなブックカフェとは言えそうだ。街の喧騒を見おろして優雅にすごした。

三階に戻ってもみな忙しそうなので外に出た。下の通りには壁紙屋が何軒も並んでいる。適当に曲がると少し幅の広い通りになり、今度は衣料品の店が続いていた。衣料品といっても下着と靴下ばかりで、牧志公設市場の衣料部にそっくり。牧志と違って店員には若い男の人も多く、二人ぼんやり座っていたり、携帯を見つめてうずくまっていたりする。

歩いても歩いても同じような店ばかり。こんなにたくさんのパンツやタイツが必要だろうか。平和通りを何往復もしているような下着屋の列に、中国は人口が多いんだなあと感心した。人通りは多くてもパンツを見ている人はあまりいない。もう引きかえそうかと思ったころ、パンツ屋はベルト屋に変わっていた。

緑色の瓶

夕食は顔合せということで、二十人くらい連れ立って中華料理屋に入った。回るテーブル二台を囲む。

「智子さんこんにちは!」

と隣に座った女性は、日本語通訳のカナさんだった。GOELIA の社員で、日本の女性誌の編集部に洋服を貸したり撮影に同行したりしているらしい。

「これはミルクのてんぷら。珍しいでしょう」

「スープ食べる？　辛いのは好き？」

とあれこれ取り分けてくれて、最後に、

「こういう店はきれいなだけで、おいしくない」

と言い放った。

GOELIA225ではオープニングパーティーが始まっていた。旧天堂書店という古本屋の店主がステージに立って話している。ことばはわからなくてもスライドを見ているだけで面白い。カフェが併設され、猫がいて、CDも売っていて、週末はライブもやる。広州から電車で一時間行った深圳《しんせん》市にあるらしい。移転前は市場のなかで狭い店をやっていた、ウララのパネルを見てなつかしい気がしたとあとで話してくれた。

途中でカナが持ってきてくれた緑色の瓶に口をつけて、ぎょっとした。

「これはなに？」

「豆乳です、いま広州で流行ってるんです。ビールのほうがいい？」

「できれば」

缶をもらう。見まわすとみんな瓶を手にしていた。

## おまけ 「広州書墟」

大盛況の古本市

トークショー

ウララの古本コーナー

## 体育中心

次の日、GOELIA225に入ると、花屋と雑貨屋のあちこちに本が並んでいた。小さな台や棚にトランクなどもうまく使って、作家や一般の人の持ってきた古本が島をつくっている。私が送った本も花屋のレジの横に置いてくれていた。日本の一箱古本市と違って店主はその場にいない。２２５のスタッフと大学生のボランティアが販売する。

明日はトークショーに出てください、時間は当日にならないとわからないと昨日ピーターに言われていたので、三階にプログラムを見にいく。私の名前はない。ピーターを探しだすと、明日に変更になったと言われた。たくさんのゲストを招待しているのに、来られるかどうかの連絡をくれない人もいて、調整が大変だという。

「ひまになったね、行きたいところがあったら連れていくよ」

カナが声をかけてくれて、地下鉄に乗って「体育中心」に行った。ごちゃごちゃした北京路とはまったく違って広々とし、銀座のようにデパートが立ち並んでいる。グッチやプラダを通りすぎて地下におりた。フロアの真ん中にカフェがあり、そのまわりで雑貨や洋服や本が売られている。

まずはカフェで休憩。ティラミスがおいしい。カナは仕事でトラブルが起こったらしく、けわしい顔でiPhoneを操りはじめたので、ひとりで本を見に出た。

文芸、芸術、実用、社会、歴史、哲学、児童書、語学、洋書。本屋の構成も本のつくりも日本に似ている。雑貨やダイエットの本は日本で出た本の翻訳も多かった。どの棚にも人がたくさんいて、座りこんで読んでいる。ちょうど料理の本のサイン会をしていて、温厚そうなおじさんの前に行列ができていた。

帰りの飛行機で読む本をと思ったものの、日本語の本は見つからない。しかたなく英語の本を見る。値段と内容から吟味したすえに、アガサ・クリスティを買った。

iPhoneをにらんだままのカナと一緒に北京路に戻った。今日のイベントは終わって、２２５の向かいのビルで鍋をしている。肉や魚を煮てはすすめてくれる人がいて、親切な人だと思っていたらGOELIAの社長だった。野菜も鶏も会社で育てて、社員食堂で出しているらしい。地下鉄から送迎バスがあるとか、社員食堂はバイキングでいつでも無料だとか、ずいぶん気前のいい会社のようだ。こんなスポンサーがいるから今回のイベントも実現したんだ。本屋だけでは、とてもできない。

今夜もみんな豆乳を飲んでいた。ビールはなんだか薄い。

## 沖縄の雪

次の日は、広州に来て初めて晴れた。元気よく出かける。日曜日の北京路はおそろしいほどの人波で、すり抜けて進むカナに追いつけない。

２２５の屋上のいすに座り、コーヒーとクッキーを出してもらった。都会の休日という感じでゆっくりする。何もない場所なのに何人も上ってくる。下のイベントも盛況だろう。今日こそトークショーのはずなのに何の準備もせず、遠くの古いビルを見おろしている。

満員の雑貨屋で押し合いながらzineを買ったりしていたら十四時になった。三階に下りるとピーターがいて、

「じゃあ始めましょう」

と言われた。すでにたくさんの人が座って待ちかまえている。記者らしき人も立っている。ウララのパネルの前に、カナとピーターと並んで座った。

店の話はこれまで何回もしてきたし、質問に答えていくのなら簡単だろうと思っていた。が、

「どうして市場に観光客が来るのですか」

「市場は汚くないですか」

「沖縄に雪は降りますか」

日本でされたことのない質問が客席からどんどん出てくる。沖縄が日本のどこにあり、どんな位置づけで、市場がどんな場所なのか。沖縄本とはなにか、どうしてそんなジャンルが成り立つのか。沖縄の独自の歴史や文化について、通訳できるように明晰な日本語で説明しなければ

ばいけない。

　さらに、自分がどうして沖縄に来て古本屋を始めたのかとなると、もはや日本語でもうまく話せない。いつもあいまいにごまかしてきたことがよくわかった。

「古本屋の経験がないのにどうやって仕事をしているのですか」

「こんなに狭くてやっていけるのですか」

「どんな本を並べていますか」

「面白いお客さんのエピソードを話してください」

「休みの日は何をしていますか」

　答えても答えても、お客さんがあの店を想像できている感じがしない。後ろにあるウララの実物大パネルが唯一の頼みで、話しながら何度も振り向いてしまう。ピーターは自分の店の話をからめながらうまく流れをつくり、カナは耳をそばだてて必死に通訳をしてくれて、一時間はあっというまに終わった。

　取材に来ていた記者の人と名刺を交換し、ウララの古本コーナーで本を買ってくれた人になぜかサインをしたりしているあいだ、ずっとそばに立っている女の子がいた。長い黒髪をおろし、レースの靴下にローファーをはいて、目をきらきらさせて私を見ている。人がいなくなると、待ちかねたように話しかけてきた。

「うららさん、私は日本語を勉強しています」

「上手ですね、学校で？」

「はい。卒業したら、東京の大学でデザインを勉強したいと思っています」

封筒を渡された。ウララの店のイラスト（目がきらきらの私が中に立っている）と、日本語で書かれた手紙が入っていた。

いまでも犯人はわからない

任務は果たした。

「お菓子を食べにいこう」

とカナに誘われて、地下鉄に乗った。上野のアメ横のような通りを歩いていると、本屋があった。

キロいくらの、量り売りの古本屋だった。辞書や実用書や児童書や、B5ソフトカバーの論語や三国志や、日本のバーゲンブックと同じような品揃えである。どれも紙が厚くて重そうで、量り売りで買ったら損をしそうな感じもする。二階もあり、階段の横まで本が積みあげられている。レジにはもちろん秤。

店を出てカナが言う。

## おまけ　「広州書墟」

目をきらきらさせた女の子と

古本屋「彼得猫」からの眺め

広州で流行の豆乳

「さっきの古典の本は縦書きだったでしょう」

「うん」

「私は縦書きが苦手なの」

「え、中国語は縦書きもするよね」

「するけど、ふつうの本は横書きだね。iPhone の画面だって横だし。難しい本は縦もあるけどね」

「そうなんだ」

「私の行った日本語学校のテキストも横書きだったの。だから、縦書きの日本語は読めない」

「まさか」

「本当だよ。テキストが縦書きの学校もあるよ」

村上春樹が好きだと言うから、販売用に持ってきた『ノルウェイの森』をすすめたら、日本語の本は読んだことがないと言われた。一冊を通読するのは大変だろうと納得したけれど、そんな事情もあったのか。

食堂に入った。お菓子を食べるというのは飲茶をつまむことらしい。他のテーブルには家族連れが何組かいて、もくもくと食べている。餃子や春巻や大根もちやちまきや、たくさん頼む。お湯を何度もつぎたして、プーアール茶を飲みつづけた。

店を出ると暗くなっている。最後の夜だ。

225に戻る。イベントは終わった時間なのに、お客さんがまだ残って本を見ていた。ウラの古本はほとんどなくなっていて、白いテーブルががらんとしている。どうやって持って帰るのかと思っていたのに、ありがたいことだ。揃えなおしていると、窓ぎわで腑抜けたように立っていたスウィングが近づいてきた。

「ハロー」

「疲れているみたいね」

「いや、大丈夫。本の売上を精算したから、確認して」

リストと封筒を渡された。やたら厚いと思ったら、百元札はわずかで一元札と硬貨がたくさん入っていた。

「これ、買ったよ」

私の持ってきた空の写真集を見せられた。本はめったに読まないと言っていたのに。日本語もわからないのに。

「ありがとう」

「明日の朝はホテルに迎えにいくから」

「え、早いよ、七時には出るよ」

「心配しないで」

よく働く子だ。今日でみんなとお別れして空港にはひとりで地下鉄で行くつもりでいたから、ことのほかうれしい。おとなしくホテルに戻ったのに、ダラダラとテレビを見てしまう。

帰りの飛行機で「ウェネバー広東」を読んだ。最初にメールをくれた人が編集しているフリーペーパーである。それによると広州の人口は四百六十万人、広東省の人口は一億人。那覇のほぼ十倍と、沖縄の百倍だ。それは人がたくさん集まるはずだと、なんだか悔しくなった。国のなかでも南にあって、夜遅くまで食べたり飲んだりして、旧暦で暮らす。沖縄に似ているとちょっと思ったのに。

北京や上海をどう見ているのか、地方出版はあるのか、英語ができたらもっといろいろなことを聞きたかった。

英語で読む『アクロイド殺人事件』は遅々として進まなかった。いまでも犯人はわからない。

# あとがき

こうして本のかたちにしてあらためて読んでみると、なぜそうしたのかよくわからないことだらけで自分でも驚きました。まわりが心配するのももっともです。

沖縄への異動や古本屋の開店について、人を納得させるように語ることもできたのかもしれません。でもそれより、目の前の人のことばや市場のニュースを書きとめておくほうが楽しくて、日々の切れはしのような話ばかりになりました。そしてまた、路上で起こるいろいろな出来事が見たくて店を始めたのかもしれないと、あとづけで思ったりしています。

私が店を開けられるのは、近くや遠くでいつも気にかけてくれる人たちのおかげです。ありがとうございます。これからもよろしくお願いします。

沖縄に来て四年、店を始めて一年半。本を出すには早すぎるのではないかとおびえていますが、「出してもらえるうちが花」と諭されて、思い切りました。

三十年前の貴重な写真を使わせてくださり、現在の写真も快く撮ってくださった垂見健吾さん、いつも私の側にいるウララのフクロウを描いてくださった三木静さん、路地と店だらけの細かい地図をかわいらしく仕上げてくださった矢野綿子さん、カバーのデザインにご協力くださったアイデアにんべんさん、沖縄に来て最初の家探しから初めての本づくりまで面倒を見てくださった新城和博さん、ありがとうございました。

どうして店を始めたのかわからないように、いつまで続けられるのかもわかりません。暑さ寒さにぐったりしてときには遅刻し、本と人に囲まれながら、店を開けていられる限りは開けたいと願うだけです。明日も、開けます。

二〇一三年六月十二日（ユッカヌヒー）

市場中央通り、第一牧志公設市場の向かいにて

宇田智子

# 十年後のあとがき

『那覇の市場で古本屋』をひさしぶりに読んでみて、私が市場のことをなにも知らないまま店を始めて本まで出したことがよくわかった。この本が出たのは十年前の七月。店を始めて一年半しかたっていない。まだまだ毎日が新鮮で、目のまえを行き交う人と商品にただ見とれていた。背後にある地理や歴史にまでは気が回らなかった。

たとえば、〈那覇の中心を流れるガーブ川は、農連市場からジュンク堂書店の手前まで暗渠になっていて、ウララは川の上の水上店舗にある〉（96ページ）という文。最初の原稿には〈暗渠になっていて〉を〈埋め立てられていて〉と書いていた。編集の新城和博さんに指摘されて直したものの、「細かいなあ、さすが詳しい」とのんきに感心しただけだった。暗渠と埋め立てでは大違いなのに。

または〈アーケードの下、みんな道にせり出して、顔をつきあわせて店番をしている〉（2ページ）と書いていても、なぜ上にアーケードがあるのか、なぜ道にせり出して店番をしているのか、とは考えなかった。

十年前の私は、通りが全部アーケードでつながっていて便利だとか、人も商品も店の外には

## あとがき

みだしていて自由だとか、市場のありようをただおもしろがっていた。この風景はずっと続いてきたもので、これからも続いていくと信じていた。

二〇一五年に牧志公設市場の建替が決まってから、急にいろいろなことが動きはじめた。長く続いた店が閉まり、一部のアーケードが撤去され、風景が大きく変わっていったとき、初めてこの場所の来歴に目が向いた。市場や水上店舗やアーケードは自然に生まれたのではなく、自分の商売と生活のために必死に働いてきた人たちがつくってくれたものだった。その人たちのおかげで、私はここで店を開けられている。変化と危機のなかで、私も少しずつ市場の人たちと一緒に動くようになった。市場の「ジンブン」に、より深く触れることができた。

いまも私は公設市場の向かいに座って本を並べている。変わらず『那覇の市場で古本屋』でいるものの、こんな本はもう書けない。市場のようすを物珍しげに見ていることはできないし、まわりの人も店もずいぶん入れ替わった。そのかわりに、十年前には書けなかったことがいまは書ける。次は続編を出したい。

二〇二三年九月二十日

市場中央通り、第一牧志公設市場の向かいにて

宇田智子

## 初出一覧

収録に際して加筆修正・改題しました。

**古本屋、始めました**

『東京大学国語国文学会会報』第50号＋『西日本新聞』 2012年3月3日 夕刊「土曜エッセイ」

**人文とジンブン　次にやる人　二十年後　店の名前　開店の日**

『BOOK5』1号〜4号 「古本屋開店記」トマソン社

**近い本、遠い本**

『書標』2009年8月号「本屋うらばなし」ジュンク堂書店

**目をこらす　コンビニから餅屋まで　船に乗って**

『これから出る本』2011年1月上期号、2月下期号、3月下期号「本の周辺」日本書籍出版協会

**「日本一狭い古本屋」と呼ばれて　市場中央通り　くもこ　沖縄の元気な古本屋　大市**

『沖縄タイムス』2011年9月〜2014年9月「本との話」

**沖縄語辞典　不動産屋・自練・本屋　世界のウチナーンチュ大会　古本とコーヒー　本棚　地縁　金々節　数字　ひも　立体　I'm open　美容院　末は作家ね　ダイヤルは四列　テニスコート　新年会**

ブログ「本屋繁昌節」 2011年3月〜2012年8月 高文研

**開店前夜　机とヒンプン　牧志三一三一一　エプロン　あとつぎ　スピリチュアル・ミャーク　OKINAWA　旧正月　侵出　三十年前のウララ**

ブログ「市場の古本屋ウララ」http://urarabooks.ti-da.net/

他は、書き下ろしです。

**宇田智子**（うだ・ともこ）

1980年神奈川県生まれ。2002年にジュンク堂書店に入社し、池袋本店で人文書を担当する。2009年、那覇店開店に伴い移動。2011年7月に退職し、同年11月11日、那覇市第一牧志公設市場の向かいに「市場の古本屋ウララ」を開店する。2014年、第7回「（池田晶子記念）わたくし、つまりNobody賞」を受賞。著書に『市場のことば、本の声』『増補　本屋になりたい』。

# 那覇の市場で古本屋

ひょっこり始めた〈ウララ〉の日々

二〇一三年七月二二日　初版第一刷発行
二〇二三年一一月三日　二版第一刷発行

著者　宇田智子
発行者　池宮紀子
発行所　㈲ボーダーインク
沖縄県那覇市与儀226-3
https://borderink.com
tel 098-835-2777
fax 098-835-2840
印刷所　（株）東洋企画印刷



ISBN978-4-89982-241-7　C0095